New window 新視野229

惡名昭彰的詛咒物

關於物品的邪惡傳說與真實發生的詭異事件

CURSED OBJECTS

Strange but True Stories of the World's Most Infamous Items

J. W. Ocker　J·W·奧克——著
Jon MacNair　喬恩·麥克奈爾——繪
陳思華——譯

高寶書版集團

你可以嘗試偷取這本書，
但你將受喉嚨高懸之苦。
然後烏鴉會聚集起來，
尋找並叼走你的眼珠。
而當你大叫：「噢、噢、噢！」
記住，你是自作自受。

目錄
CONTENTS

IV 被詛咒的石頭

目錄
CONTENTS

VII 機械的詛咒

一頭栽進詛咒的世界

我不是想潑你冷水，但很多看似無害的物品會搞砸你的生活，甚至可能要了你的命。我們把這些物品稱為詛咒物。所謂詛咒物可能是一個花瓶、一張椅子、一幅畫、一個娃娃，所有自家房屋、閣樓和地下室有的東西；也可能在博物館，和一般人隔著一層薄薄的玻璃；或者在戶外，偽裝成普通雕像或岩石之類的。任何東西都可能受到詛咒，等你知道就太晚了。幸好你有這本書。

那麼，什麼是詛咒物呢？傳統上指的是為所有者或與之接觸的人帶來不幸、危害和死亡的無生命物體。一個物體受到詛咒，是因為某個力量強大且擁有神祕知識的人向其施咒；或曾出現在某個慘案現場，像電池一樣吸收暗能量後，導致其他悲劇發生；它可能一開始就受到詛咒，比如商品下方的中國製造貼紙，又或者一切都只是我們的臆想。

其實你不必相信詛咒物信到入迷，因為按科學的解釋，詛咒物意指物體本身蘊含了故事——具體而言就是悲劇。這些物品與人們關係密切，我們製造它們，跟它們一起生活，使用它們，愛護它們，有時候甚至會把它們帶進墳墓裡，而人們不斷發現自己身陷不幸。詛咒物不過是比一般物品見證過更多悲劇，而後成為記住過往的工具，提供我們重述故事的機會。

別誤會——其中也是有神奇的力量：比如全世界上百萬張橡木椅中，有一張簡約的橡木椅將跟很多不幸和死亡事件聯繫在一起（參閱第一二七頁，巴斯比之椅）。本書的核心是把詛咒物當作講述文化悲劇的機制，但這不代表我們不會探討其中可能存在其他難以解釋又極其險惡的力量。

在本書中，我將介紹水晶頭骨和詭異的人偶，小巧的石人頭和古代武器。包括惡名昭彰的安娜貝爾娃娃（第一七七頁）、希望鑽石（第一五頁），以及鮮為人知的詛咒物：聽過小曼尼與爹地的角（第一三九頁）嗎？沒聽過吧。為了正在看這本書的你，我冒險取得第一手資料，還把一個詛咒物帶回家；我將深入挖掘詛咒物企業，詛咒在該領域被視為一種銷售術語，他們收藏詛咒物，在博物館中展示，甚至放到 eBay 網站上出售；你將發現就連科技和數位的產物也會受到詛咒。

在進入正題前，我們先要認識幾個詞彙。詛咒（cursed）常常和鬧鬼（haunted）及附身（possessed）作為同義詞使用，但這三個詞的性質其實有明顯差異。在我們看來，差別就在於靈體有智慧，詛咒物沒有——後者是經由某人刻意下咒或在偶然的情況下產生厄運；反之，物體鬧鬼代表直接附有某個靈體的精神力，附身也是類似情況，只是物體本身遭惡魔侵占（雖然有些人認為嚴格說來物體無法被附身，只有人類會……還真走運）。鬧鬼和被附身的物體只要能為人們帶來不幸，就可當作詛咒物使用，但如果只是行跡嚇人，就不算受到詛咒。

例如收藏在賓州阿爾圖納市的貝克宅邸歷史博物館中的安娜·貝克的婚紗，或是在路易斯安那州聖弗瑞安斯維爾市的香桃木農場那面鬧鬼的鏡子。上述兩個物品常常在介紹詛咒物的文章中被提及，但安娜·貝克婚紗的故事大多是關於婚紗本身會移動，以及看見婚紗主人的靈體四處現身的傳聞。香桃木農場中鬧鬼的鏡子則會反映出駭人的身影，偶爾鏡面會出現鬼手印。兩個物品都令人感到毛骨悚然，卻沒有像詛咒物一樣招致一連串不幸的事件。

為達本書的目標，我一一排除沒有詳細故事可以介紹的詛咒物。比方說，在佛羅里達州聖奧古斯丁的佐瑞達別墅博物館，收藏了一幅完全用貓毛製作的埃及地毯，該地毯曾用來包一隻製成木乃伊的人腳（同樣在博物館展覽）。有人斷定那是現存最古老的地毯，還有人說它被詛咒了，任何踩到地毯的人都會死（因此目前被掛在牆上）；但上述就是這幅地毯被詛咒的全部內容了。儘管物品本身很吸引人，卻很難從中擠出一整篇故事來。

而不只物體會受到詛咒，人物和地方也會。但出於這趟行程的目的，我專注於探討受到詛咒的物品。通常我會依循某個可怕的準則：「我會隨便在跳蚤市場或古董店挑中這東西帶回家嗎？」或者「我會在博物館碰到某個東西後，就被詛咒一輩子嗎？」而除了少數明顯的範例外，本書的內容剛好包含以上元素。

所以，要當心——並非只有深埋異國大地，遭盜墓者洗劫的古老文物會毀掉你的生活，詛咒也可能來自媽媽從跳蚤市場買來，放在書桌上的那個印有「我恨星期一」的馬克杯。

I

玻璃之下的詛咒

世界各地的詛咒物皆明目張膽地放在莊嚴的博物館及重要的歷史機構公開展出，毫不考慮公眾的安危。這些物品包括寶石和首飾、陪葬品、古代武器，甚至有人體遺骸，所有東西跟毫無防備的遊客只隔著一層玻璃。對於好奇心旺盛、疏於自我防範的人，最簡單的方法就是直接去一趟博物館看看。但我警告你，僅靠展示櫃無法困住這些詛咒物，更無法保證你的安全。

希望鑽石

The Hope Diamond

發源地：印度科魯爾礦山
預估售價：二億～三億五千美元
著名所有者：路易十四、路易十六、亨利・菲利普・霍普（Henry Philip Hope）、皮耶爾・卡地亞（Pierre Cartier）、沃爾什・麥克林（Walsh McLean）
當前位置：美國華盛頓特區史密森尼學會國立自然史博物館

它是從印度某個獨眼印度教神像的眼睛上扯下來，它見證了法國君主專制政體被推翻，還成為美國新貴族的遺產。據說持有或戴過它的人都被狗撕成兩半、槍殺、斬首、推下懸崖、餓死和因船沉溺斃；它曾導致人們自殺、發瘋、兒童死亡、羅德・塞林（Rod Serling）的殞落，還為詹姆斯・卡麥隆執導的電影《鐵達尼號》中那顆虛構的海洋之心寶石帶來靈感。

它就是希望鑽石，而且受到了詛咒。

希望鑽石重達四十五・五二克拉，是世界上最大的藍鑽。它是詛咒物最理想的典範，擁有異國背景和橫跨好幾世紀的歷史，體積不大，可以放進口袋，被偷走、弄丟或不翼而飛。希望鑽石極其珍貴，所以能在王宮和私人飛機這樣高貴的場所進行買賣交易以及被盜。很多人都擁有過這顆鑽石，其一連串來歷有時候念起來就像在玩「燙手山芋」遊戲，當然悲劇早已隨著時間線交錯、蔓延開來。

然而，除了鐵達尼號的沉沒事故外，本章第一段提到所有常聽到的傳言都無從考證。但那不重要，因為希望鑽石的真實故事，包括被視為詛咒的過程同樣令人著迷。

故事始於迄今十億年前，位於地殼下方不到一百五十公里處。碳元素遭到原力擠壓形成一大塊晶體，這在當時是很常見的過程；但這次發生了一個罕見的現象。由於硼元素融合到晶體結構中，使寶石變成深藍色。最終，火山活動迫使靠近地表的岩層打開，也就是後來的印度，並在幾百年前由印度傳奇的採礦業挖出。

印度曾被視為地球上唯一的鑽石發源地，因此法國一位具有開拓精神的商人尚－巴蒂斯特・塔維涅（Jean-Baptiste Tavernier）才會在十七世紀中葉進行六次前往那裡的遠行。在一次旅程中，他拿到一顆來自科魯爾礦山、切割粗糙的一百一十二克拉心形藍鑽，最終被命名為塔維涅紫羅蘭石，當時紫羅蘭（violet）與藍色（blue）同義。與傳說相反，他不是從神像的眼睛偷走這顆鑽石（雖然他在印度神廟中見過很多眼睛鑲有寶石的神像），而是透過尋常的貿易渠道購買。

塔維涅將那顆石頭跟其他一千多顆鑽石一起賣給當時的法國國王路易十四，但那顆碩大的藍寶石明顯與眾不同，光這樣一顆就佔了總售價的百分之二十五。有人說，塔維涅後來沒有被狗的尖牙撕裂，而是在冒險之餘去到萊芒湖畔放鬆。他後來選擇退休，怡然自得地活到高齡八十餘歲。

路易十四也活了很長的時間。在他的監督下，未來的希望鑽石經過切割、琢磨後，形成一顆光芒更閃耀且蔚為時尚的六十七克拉鑽石。在當時被稱為法蘭西之藍（French Blue），同時被視為法國王冠珠寶重要的一部分。

這些珠寶相安無事地流傳下來，來到在位期間爆發法國大革命的路易十六手裡。這場暴動最終將他和妻子瑪麗・安東尼送上斷頭台。有人把瑪麗・安東尼的死歸咎於希望鑽石，但她其實幾乎沒配戴過這顆寶石。雖然她喜歡鑽石，但法蘭西之藍是為她丈夫保留的。這顆鑽石被鑲在他其中一枚勳章上，在那段時間只拿下來一次進行科學測試。法國革命後君主制瓦解，而在一七九二年，法蘭西之藍被盜，消失在歷史的洪流中……暫時消失。

一些學者認為，法蘭西之藍被用來賄賂德國的布倫瑞克公爵卡爾・斐迪南（Charles

Ferdinand），希望他不要入侵法國。當時歐洲各國都很怕法國爆發的革命會延燒到自己的國家，並讓軍隊隨時待命，以扼殺潛在的武裝衝突。不管怎樣，希望鑽石二十年後再次浮出水面，這次是在英國，為一個寶石商人丹尼爾·伊萊亞森所有。該鑽石已再次切割成四十四克拉（核桃般的大小），或許是為了避開拿破崙的耳目，後者本想讓這顆鑽石和其他法國王冠珠寶齊聚一堂。

自此，該鑽石可能為英國國王喬治四世持有一段時間，但到了一八三九年，希望鑽石成了倫敦一個富有銀行世家霍普（Hope）的所有物，這也是希望鑽石這個名稱的由來，簡直像出自Kay Jewelers 珠寶品牌的銷售部門。

托瑪斯·霍普將希望鑽石帶入家族中，在他死後，這顆鑽石就如同彈珠檯般在繼承人、有爭議的遺囑和破產間彈來彈去。繼霍普家之後，希望鑽石流落到一家珠寶公司，後來代表土耳其蘇丹轉賣給哈比卜中士，後者因為身陷債務危機將其賣給另一家珠寶公司。一九二〇年，皮耶爾·卡地亞在巴黎將他白白淨淨的手伸向那顆鑽石。

而希望鑽石會受到詛咒大多是他的錯。

那時，人們已經在南非發現大量的鑽石礦。取得鑽石變得容易得多，不再是超級富豪專屬的活動。幾十年下來，每個人都有能力為自己的未婚妻買一顆鑽戒，這項傳統一直延續至今——因為大家都知道：鑽石恆久遠。寶石已成為奢侈消費的主流。

卡地亞希望將他的藍鑽賣給美國新興富裕階級，他知道為了跟市面上其他鑽石區分，開出更高售價，就需要故事來鋪陳。於是他抬高希望鑽石的價格並賦予詛咒，這並非難事。幾篇以假亂真的報導早已開始行動，一些暢銷小說更是讓寶石被詛咒一事廣為流傳，像是威爾基・柯林斯的《月光石》和柯南・道爾的《四簽名》。卡地亞還將其外觀修飾一番，在周圍鑲上十六顆碎鑽，設計出今日為人所知的希望鑽石。卡地亞編造關於詛咒寶石的故事吸引了來自美國華盛頓特區的艾娃琳・沃爾什・麥克林及其丈夫奈德的注意。麥克林夫婦以十八萬美元買下這串鑽石項鍊，約合今日四百五十萬美元。

艾娃琳在擁有希望鑽石的數十年中，帶著它參加無數宴會。有時別在羽毛冠冕上，有時當作項鍊戴在脖子上，甚至偶爾讓自己養的狗配戴。她請來神父為其祝福，在美國飛行員林白之子遭綁架勒贖時短暫將其典當以湊作贖金，並對希望鑽石的詛咒故事侃侃而談。當她九歲的兒子出車禍身亡後，《紐約時報》在報導這起悲劇時免不得提到這顆寶石。最後，艾娃琳和奈德結束了他們的婚姻，奈德住進療養院，他們的另一個兒子也自殺了。換句話說，這家人的遭遇恰好是人們認為毫不避諱擁有詛咒寶石者會有的下場。

艾娃琳於一九四七年去世，希望鑽石和她的其他寶石首飾都被一名美國珠寶商哈利・溫斯頓以將近一百萬美元（約合今日一千一百五十萬美元）收購。他帶著希望鑽石走遍整個北美，並在一九五八年捐贈給史密森尼學會國立自然史博物館，以獲得大幅減稅，實現開啟一系列美

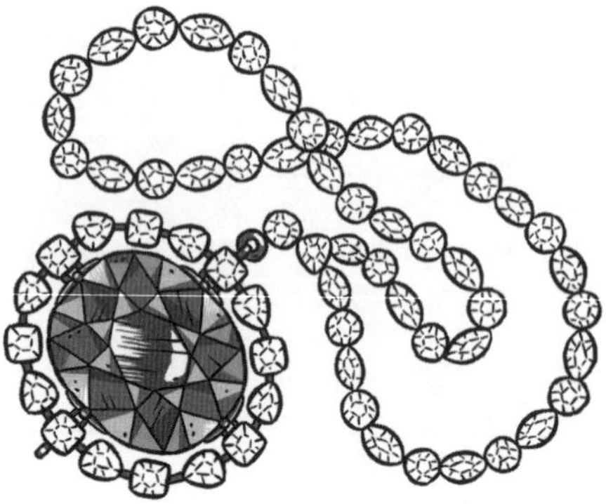

國「王冠」珠寶收藏的夢想。那正是現在希望鑽石的所在位置，從地函深處去到美國首都。

希望鑽石就保存在史密森尼學會的珍妮特・安納柏格・胡克地質學、寶石與礦物展示廳。鑽石本身放在房間中央的一個旋轉展示櫃中，供遊客近距離觀賞……前提是你有辦法從其他圍在小小展示櫃旁的遊客中殺出一條血路。有些人相信這顆鑽石是史密森尼學會中最重要且最具知名度的收藏，對博物館來說，它比起詛咒物更像幸運符；有些則認為希望鑽石被列入國家瑰寶使整個美國受到詛咒。

儘管我們無法否認每個持有希望鑽石的人都死於非命，但有時候希望鑽石似乎並非導致災禍發生的直接原因，比較像是副作用。畢竟，只有身家雄厚的人，才能用一大筆財富換來一個招搖賣弄的首飾。如此鉅額的財產本身就存在問題，無論是出自政治原因還是揮霍無度。事實上，艾娃琳・沃爾什在她一九三六年出版的回憶錄《一夜致富的父親》（*Father Struck It Rich*）中，形容買下那顆藍鑽帶來的災禍是「隨意揮霍不義之財所招致的自然後果」，這句話大概是在諷刺她的丈夫。

任何稀有或體積大的寶石擁有名字和詛咒不足為奇，也許是因為人們潛意識對貪婪的批判，或幻想有錢人遭到報應；又或許藉由賦予它這麼多故事並一再講述，能讓我們這些買不起的人共享這顆鑽石的輝煌。

這麼說來，寫了這顆鑽石的故事的我也算是擁有過希望鑽石，但願我能全身而退。

冰人奧茨

Ötzi the Iceman

原產地：義大利奧茨塔爾阿爾卑斯山山脈
死因：謀殺
發現年份：一九九一年
當前位置：義大利波爾察諾省南提洛考古學博物館
年齡：五千三百歲
死亡人數：七人

冰人奧茨是一個美麗的發現：一具有五千三百年歷史的屍體，因為保存完好，使人一眼就發現暴露在外的紋身和衣著。他的親屬如果沒有在幾千年前分解成原子的話，我們就能輕鬆、確實地辨認他的身分。

事實上，當他們在奧地利和義大利邊界的奧茨塔爾阿爾卑斯山脈發現宛如急凍原始人般的奧茨時，還以為他可能是近代某個不幸遇難的登山客，全然不知自己看到的是人類、歷史和時間本身在冰雪覆蓋的側山凍結的瞬間。

一九九一年九月十九日，奧茨在海拔三千兩百零九公尺處被遊客發現，一對來自德國的夫婦恰好徒步穿越該地。將冰層鑿開後，包括科學家、考古學家和人類學家都對這個發現深表震驚……直至今日仍不斷從他身上發現祕辛並嘖嘖稱奇。

自從離開冰封狀態進入現代社會後，人們開始分析奧茨的基因序列、親屬來源、胃裡的內容物、疾病診斷（除萊姆病、腸道寄生蟲和膽結石外，身體良好）、年齡測定（死時四十五歲），利用西門子公司所設計的任何顯像儀器掃描他的身體，查出導致這樁懸案的死因是謀殺——基於從他背後進入肩膀的箭傷，以及頭骨的外傷。奧茨挖出來時屍身完整，渾身上下的配件保存良好，他的衣帽和鞋子全都留了下來，包括他隨身攜帶的箭矢、斧頭、短刀、背包，以及其他銅石並用時代的人類所需的物品。

如今，這具冰人的遺骸包裹著品質優良的棕黃色皮革，腳踝交叉，手臂伸向右方，看起來像是在跳甩手舞時遭到急速冷凍。

而他可能受到了詛咒。儘管對人類學家、考古學家和其他差不多十幾位學者而言，我們很幸運才能發現他，他卻讓許多涉及發現和研究他的人遭遇不幸。

厄運首次降臨是在二〇〇四年，發現冰人奧茨的德國遊客之一，海爾穆．西蒙在當初看見這具年代久遠的棕黃遺體突出冰層的地方附近健行時遇到暴風雪，享年六十七歲。簡直就像那座山需要有人代替奧茨的位置。西蒙的葬禮後一小時，身體一直很硬朗、組織救援隊上山搜救西蒙的迪特．沃內克心臟病發過世。當時他四十五歲，死的時候跟冰人的年齡差不多。翌年，第一批負責分析冰人奧茨的考古學家康拉德．史賓德勒（Konrad Spindler）在五十五歲那年死於多發性硬化併發症。他在替冰人奧茨分析不久後診斷出這個病。下一位受害者是擔任法醫的雷諾．亨恩，六十四歲時死於車禍，當時他正在前往演講的路上，演講內容是關於這具天然形成的木乃伊。接著輪到登山好手科特．弗里茲。他參與了奧茨最初的復原過程，在五十二歲那年死於雪崩。奧茨詛咒名單的下一個目標是雷諾．霍茲（Rainer Holz）。作為一名電影導演，他拍攝了從冰層中取出奧茨的紀錄片，死於腦瘤，享年四十七歲。

最後一位受害者——至少目前為止——是湯姆．洛伊（Tom Loy）。眾所皆知，他是分子生物學家，從冰人身上的衣物和使用的工具檢測出四種不同類型的血跡，使其死因從獨自狩獵引發的意外轉為暴力衝突。洛伊在二〇〇五年十月死於一種血液疾病的併發症，享年六十三歲，根據一些資料顯示，他第一次為冰人檢測後不久便診斷出該疾病。洛伊死的時候正在寫關於冰人奧茨的書籍。一年死了七個人，這樣的死亡事件實在過於頻繁。

無論受到詛咒與否，奧地利和義大利這兩個共同擁有發現奧茨所在山脈的國家都想將這具遺骸佔為己有，並為此激辯論戰。最終證實他是在義大利境內的山區被人發現，所以現在你可以前往義大利親身測試詛咒的真實性。奧茨從一九九八年起便成為波爾察諾省南提洛考古學博物館的明星。

說是明星一點也不誇張，館方為了展覽這具奇特的冰川木乃伊提供獨特的三層樓展廳。他們甚至用矽樹脂、合成樹脂和人類毛髮搭配好萊塢特效重建栩栩如生的奧茨，呈現他在好幾千年還活著時可能的樣貌。

至於奧茨本人一直待在冰冷的房間裡，透過窗口供遊客瞻仰，繼續活得比地球上每一個人都久。

毛利塔翁加

Māori Taonga

原產地：紐西蘭
範例：傳家寶，包含武器、面具、墓地和天然資源
名稱釋義：毛利人的珍寶
當前位置：遍佈紐西蘭並收藏在紐西蘭威靈頓市蒂帕帕國立博物館

當你把附魔的部落武器和被矮人附身的女人相提並論時，你會想到什麼呢？大概是一種詛咒吧，而且絕對會造成公共危機。至少這是紐西蘭威靈頓市一間博物館在二〇一〇年十月碰到的狀況。

紐西蘭的蒂帕帕博物館（簡稱蒂帕帕）是一間國立博物館，名稱中的毛利語翻譯過來就是

「寶藏的容器」。這些寶藏，或稱塔翁加，是一系列跨越紐西蘭歷史的藝術和文物，包括紐西蘭原住民毛利人的文化遺產。

那年十月，一個不祥的日子，館方準備策畫一場非公開的毛利塔翁加展覽，通常這類活動都有一些慣例——請勿觸摸、穿著舒適的鞋履和禁止閃光燈；但在蒂帕帕，卻規定懷孕與經期婦女不得入內參觀。

人們對此規定頗有微詞。

博物館試著改變大眾印象，解釋這些塔翁加有很多是向部落借來展覽，因此館方需要遵守他們的文化規則。

人們更生氣了。

博物館解釋其中一些塔翁加是在戰場殺敵的武器，若是處於經期或懷孕的婦女不小心觸碰到，就會觸發詛咒。而博物館的保險很可能不包括被詛咒這項。

人們越加氣憤，甚至變得暴怒。

社會大眾會有這種反應可以理解，許多文化和宗教都對在生育年齡的女性行為有各種硬性規定。《舊約聖經》對於月經有著嚴格的規定，《古蘭經》也一樣，佛教、印度教及其他教派在談論到該話題時，總會將經期描述為不潔的。毛利人對懷孕或月經來潮的婦女使用武器的禁忌或許……更複雜也說不定。

毛利人和其他玻里尼西亞人推崇一種名為「塔普」（tapu）的概念，多虧十八世紀的英國探險家詹姆士・庫克船長（Captain James Cook）引入，英語才出現「taboo」（禁忌）這個字。塔普的意思是禁止某種神祕的事物，違反塔普的規則或多或少會受到詛咒，眾神要不是直接讓厄運降臨在你身上，就是不再庇護你，讓你容易受到各種自然疾病和邪惡力量侵擾。這樣顯然根本不會有人願意跟你來往。

任何東西都可能是塔普。湖泊、森林、房屋、工具、武器、一個人、一條人腿，無論什麼是塔普都要避開，以免違反塔普，從而導致違反規則的人受到污染。比方說，假使你的左手成為塔普，你就不能用左手拿東西吃。另一種相反的力量叫做「諾阿」（noa），是一種類似祝福的概念，能抵銷塔普的力量。

然而，塔普本質上並不壞。塔普常被主張保護土地免受濫用，像是水源及墓地。它能將人們和物體提升至受保護的狀態；但違反塔普不是一件好事，非常糟糕。如果沒有受到適當的對待，每一個成為塔普的東西都有變成詛咒物的潛能。

就拿在蒂帕帕展出的毛利塔翁加來說，其中有很多都是在戰場殺人的武器。在毛利文化中，當一個「托阿」（toa，戰士）死在戰場上，他的靈魂就會進入殺死他的武器內。基本上，蒂帕帕的館藏中有一大堆附魔物，而正如毛利文化中許多與死亡相關的器具一樣，這些東西都是塔普。

孕婦和經期婦女也是塔普。例如，孕婦不能在家中進行分娩，因為這麼做會使整間房屋成為塔普。他們應該前往專門建造或特別指定的地點生產。

塔普物品的另一個特點就是如果接觸或靠得太近，彼此就會互相影響。事情一旦發生，就會觸發詛咒，造成所有詛咒常見的後果：死亡、災禍和厄運。所以讓一個塔普長矛和塔普婦女近距離接觸，對館方和託付這些物品的人來說會是壞消息。

博物館捍衛的正是這些信念。最後當人們的強烈抵制到達惱人的階段時，博物館的負責人出面解釋這項規則只是建議，並非禁止，如果有女性願意冒受到詛咒的風險，歡迎前來看展。是否有孕婦或女性在生理期間去看展覽就不得而知了。規則撤回後，事件的經過就記載到這裡結束，所以我們無法得知塔普的力量是否遭到觸發。

但我們的確知道博物館在接下來的幾年內發生了什麼事。二〇一五年，蒂帕帕突然意識到館內展出的許多收藏遭到遊客觸碰而毀壞；二〇一六年，自動灑水系統發生故障，造成大量珍貴文物受損。那年稍晚，因為地震來襲，蒂帕帕整個設施和收藏都受到波及；而在二〇一八年，博物館的職員發現館藏令人印象深刻的鯨魚骨感染了有害黴菌。

當然啦，上述事件或許是任何博物館都會碰到的正常考驗與困境。但誰知道呢？當你擁有的大部分館藏跟塔普這樣的系統密不可分時，違反規則的風險一直都在。

圖坦卡門墓

The Tomb of Tutankhamen

地點：埃及路克索市帝王谷
發現年份：一九二二年
重要性：舉世聞名的少年法老王墓
年齡：三千三百餘歲
陪葬品數量：五千件以上

法老王圖坦卡門墓的古老詛咒橫跨埃及沙漠，進入現代世界，並非以《聖經》描述的瘟疫、木乃伊大軍或自然災害的形式，而是源自……一場剃鬍子造成的意外。

圖坦卡門是公元前十三世紀初古埃及第十八王朝的法老。在他掌權期間最耐人尋味的事或許是他登基時年僅九歲；第二件事則是他的統治在他登基十年後逝世時終結，其死因早已被歷史淡忘。但無所謂，因為我們找到了他的木乃伊。

一九二二年，圖坦卡門完好無缺的屍體在沙漠中酣睡時被挖了出來，令人驚訝的是，在被洗劫一空的帝王谷裡，只有他的陵墓完好無損。我們都聽過這位法老的名字——圖坦卡門，他讓古老的埃及再次進入西方世界的視野中。

圖坦卡門墓由英國考古學家霍華德．卡特（Howard Carter）發現，但花了不少時間。他於一九一七年到一九二二年期間在沙地進行探測，尋找這位少年法老。就在一九二二年十一月，考古隊的贊助人第五代卡那封伯爵喬治．赫伯特準備將資金抽走的最後一季，他聘請的一位埃及隊員被一塊岩石絆倒，結果發現那是埋在沙裡的十六層石階第一階。在把樓梯底部挖開一個洞後，卡特盡忠職守地下令將階梯重新埋葬，然後朝伯爵大喊：「我找到少年法老的墓了，我們一起打開看看吧。」

當月下旬，卡特和卡那封伯爵兩人清理了通往墓室門的路，發現畫有圖坦卡門標誌的門，以及可能是遭到盜墓賊破壞的痕跡。儘管如此，經過數天的挖掘，卡特拿著蠟燭從門上的洞照進墓室前廳，滿室都是考古寶藏……和真正的財寶，因為大多數都是黃金。最令人振奮的是，他們看見了位於後方的一扇門，絲毫沒有被入侵過。

接下來要做的就是緩慢、穩步向前的工作，一邊清點歸類前廳的文物，一邊朝那扇密封的門和門後的少年法老移動。他們一共花了七週的時間，與此同時，世界各地的頭條新聞都在宣揚此次發現，遊客蜂擁而至，觀看這些寶藏被運到附近一個空墓清點登記。當前廳被清空後，當季便不再開放參觀墓室。全世界得再等一等，才能知道墓室中是否還放著那具王室木乃伊。

卡那封伯爵則無緣一見。因為封墓期間，他在南埃及的亞斯文市被蚊子咬了，而後在刮鬍子時刮破了螫傷處，感染敗血症，不久後過世。他的死引發了詛咒之說。之所以會渲染開來，是因為先前發現的埃及陪葬品帶來的詛咒先例（即不幸的木乃伊，參閱第四十三頁），加上卡那封伯爵早前將挖掘的獨家新聞賣給《倫敦時報》，使其他媒體和遊客對其內情一概不知。但在卡那封伯爵死後，媒體不再需要採訪權限，他們對圖坦卡門的故事有了新的解讀：法老王的詛咒。

詛咒一說隨著像柯南・道爾這類人士的描述而甚囂塵上，他斷定這是被稱為基本元素的大自然之靈（我親愛的華生）為了守護墓室對卡那封伯爵打擾它所進行的報復。另一位作家瑪莉・科雷利（Marie Corelli）表示她有一本稀有的埃及書，書中解釋王室陵墓中含有神祕的毒藥，以嚇阻褻瀆墓地者。人們還在其時間軸上添加了杜撰的事件，例如，一隻眼鏡蛇（法老的象徵）在開墓當天吞食了卡那封伯爵的金絲雀；他養的狗在他去世那天發出嚎叫後便死了；墓室中找到一塊詛咒泥板，被卡特和卡那封伯爵摧毀，以免工人看見後嚇跑；還有當圖坦卡門的木乃伊解開裹屍布後，臉上竟出現跟卡那封伯爵刮鬍子一樣的刮傷。

期間，卡特持續挖掘，並在一九二三年初打通陵寢，發現了圖坦卡門法老的屍身和其他五千多件文物，包括一口黃金棺材以及象徵圖坦卡門的黃金面具。但在卡那封伯爵過世後，所有與那場挖掘相關的人士相繼離世讓這個振興埃及考古學的發現蒙上一層陰影。這串死亡名單讀起來就跟吉姆・卡羅（Jim Carroll）的〈逝者〉（*People Who Died*）中的歌詞一樣長。

繼卡那封伯爵之後，鐵路大亨喬治・傑伊・古爾德前往參觀剛開挖不久的墓穴，不久死於肺炎；埃及貴族阿里・凱梅爾・法赫米・貝同樣早早前去參觀陵墓，同年遭妻子射殺。同樣在一九二三年，卡那封伯爵同父異母的弟弟奧伯利・赫伯特過世，有說是因為血液中毒。一九二四年，為圖坦卡門法老王石棺照X光的放射科醫生阿奇博德・道格拉斯・雷德染上一種怪病身亡；時任蘇丹總督的李・史塔克爵士同樣作為首批探訪該墓的人之一，在開羅遭人暗殺。一九二六年，法籍的埃及古物學家喬治・貝內特（Georges Bénédite）在墓穴外跌倒喪生。卡特考古隊的一名成員，在當地工作了二十年的亞瑟・馬斯突感身體不適，不得不離開挖掘前線的崗位。他在一九二八年與世長辭，有人說他死於砷中毒。

接著，把時間快轉到一九二九年，卡那封伯爵另一個同父異母的弟弟默文・赫伯特也死於肺炎；同一年，幫卡特和卡那封伯爵處理各種要務的理察・貝瑟爾上尉在床上氣絕身亡，死因可疑。幾個月後，他父親從七樓的公寓一躍而下，他在遺書中寫道：「我再也承受不了任何恐懼。」

上述所有的人都以某種方式跟圖坦卡門墓的發現有關聯，而且在七年內全死了。但死亡並未就此結束。過去幾十年來，聲稱受到圖坦卡門詛咒的人呈指數成長，任何參觀過陵墓、寫過關於圖坦卡門墓的文章、從墓中搬移文物，或與上述活動有關的人都在他們的訃告中提到詛咒這個詞。

然而，霍華德·卡特的下場呢？這位使圖坦卡門不再被二次埋葬的考古學家，在挖開墓穴後活了將近二十年，在倫敦死於霍奇金氏症，享年六十四歲。他的墓碑銘出自圖坦卡門法老的願望杯，是他們在墓室中發現的聖杯：「愛著底比斯的你，願你精神常在，消磨數百萬年光陰坐落此地，面向北風，眺望幸福。」

圖坦卡門墓的詛咒最終蔓延開來，因為這是一個合理的故事。當人們對古代死者不敬，並將迷戀死亡及永生文化代表來世的寶藏挖出來後，你覺得會發生什麼事？若說人類史上有什麼代表性的物品受到詛咒的話，那肯定會是埃及王室的陵墓。

從歷史的角度來看，圖坦卡門一直躺在自己的墓中供人參觀，而他來世的許多珍寶則放在開羅的埃及博物館，並以巡迴展覽的方式在世界各地的博物館展出，也同時將詛咒散佈到世界各個角落。

然而，在我寫這本書的同時，歷經十年走走停停的建設後，埃及政府為開羅的大埃及博物館進行最後的修整。它被推崇為全世界最大的博物館，將在一次大型展覽中重新集結圖坦卡門墓中全部五千多件文物，包括那位少年法老本身。

如果有什麼是值得我們冒著被詛咒的風險也要去做，那一定是參觀這間博物館。

永恆的詛咒

除了希望鑽石外，還有其他詛咒寶石，包括光之山鑽石、黑王子紅寶石、攝政王鑽石、仙希黃鑽石、德里紫藍寶石、印度之星藍寶石和梵天之眼鑽石。雖然這些石頭外觀不盡相同，卻有著類似的故事。

它們的原產地通常來自盛產寶石的印度，鑲入每尊神像的眼窩中，又被拔了出來。歐洲帝國主義或重商主義將這些寶石帶到西方世界，裝飾在王室的王冠上。最終一些寶石傳到美國，被資本主義體制下的帝王和女王買下來。幾個世紀以來，隨著寶石切割師為了滿足個人品味切割寶石，或寶石切割技術的發展，一些寶石體積跟著縮小。最終，許多寶石成了博物館的收藏，它們被小心地安置在玻璃櫃下方，就像當初被困在地函深處一樣。

你可以去倫敦塔欣賞光之山、黑王子紅寶石和其他開放展覽的英國王冠珠寶；攝政王和仙希鑽石在羅浮宮，兩者瑪麗．安東尼被斬首前都戴過。德里紫藍寶石（嚴格說來應該是紫水晶）現在在倫敦自然史博物館展出。印度之星則放在紐約的美國自然史博物館，這顆寶石於一九六四年被盜，但在三個月後找到並歸還。梵天之眼目前則為私人收藏。

妖刀村正

Muramasa Swords

原產地：日本桑名市
年齡：五百多歲
創造者：千子村正
當前下落：遍佈日本博物館及私人收藏

詛咒武器比起其他詛咒物有個很大的優勢：本身就能執行詛咒效果，不用等到其他事件發生造成目標傷害，像是公車、癌症或冰山之類的。連對神祕現象抱持強烈懷疑的人也無法否認任何人只要被武器盯上，即使沒有受到詛咒，也算是倒了大楣。

即使不曾出現在奇幻小說或電玩中，最廣為人知的詛咒武器或許就是千子村正的武士刀。

他是一個渾身籠罩傳奇色彩的男人，難以分辨哪些部分是真實，哪些部分是傳說。

村正是日本十六世紀惡名昭彰的刀匠。日本一直很重視自己國家的武士刀，但村正提升了打造這些致命武器的技巧。他打造的刀品質更高，金屬更堅固，刀刃也更鋒利。村正刀似乎比大多數刀劍更加危險，人們難以相信村正刀跟其他日本武士佩戴有刀鞘的武士刀一樣，僅僅經過加熱、捶打、摺疊和磨利打製而成。人們需要一個更好的解釋，一個帶有靈異色彩的說法。

傳說村正是一個血腥瘋狂的刀匠，他將自己的狂亂與憤怒注入他所打造的金屬刀刃中，或者他跟暗黑力量締結了地獄契約，打造出那些非凡的刀劍。無論事實真相如何，村正鍛造出的武士刀和脇差都很嗜血，一旦出鞘，直到刀刃沾染血光之前都無法收回，使持有者陷入迷醉般的暴力狂潮。如果武士找不到斬殺的目標滿足嗜血刀刃，他將不得不把刀刃朝向自己。基本上，村正刀對其斬殺的對象和持有者都是致命的，可謂一把雙面刃。

據說村正曾一度用他打造的一把刀跟日本最出名的刀匠正宗比試。兩人各別將自己的刀插進湍急的河流中，正宗刀將順流飄下的每片葉片切開後，避開了魚；村正刀卻是把葉片和魚全部切開，證明它在展現破壞力時毫不留情。假如這個故事聽起來比史實更像寓言，那是因為這的確是杜撰的。正宗的年代比村正還早好幾百年。

但在全日本民眾的想像中，真正把妖刀村正和詛咒連結在一起的另有其事。根據該說法，村正刀被幕府將軍德川家康禁用，因為他相信村正刀會詛咒他的家族。德川家康開啟了德川幕府時代，一個從十七世紀初開始統治日本長達兩百五十年的世襲軍事獨裁政權。雖然不知道村正確切造刀的時間，我們卻知道十七世紀村正刀還在日本流傳。事實上，大師級刀匠已將自身技術傳授給學徒，並創辦專門教授鑄劍的學校，歷時兩個世紀之久，使他作為瘋狂刀匠的致命影響力不斷擴大。

那為什麼德川家康會認為這位瘋狂刀匠製作的刀受到詛咒了呢？因為其家族中有好幾個成員都是村正刀的刀下亡魂。德川家康的祖父被他的家僕用村正刀斬殺，父親也死於村正刀刀下（可能也遭家僕殺害），為了讓這世代傳承的厄運畫下句點，德川家康的兒子在一種名為介錯的自殺儀式中，被一把村正刀砍下腦袋。德川家康小時候也曾被村正刀砍傷。傳說，德川家康下令取締村正刀，任何人被發現持有村正刀都會被處死。傳說長崎奉行竹中重義因被發現收藏二十四把村正刀而被判切腹。

然而，德川家康實際上可能十分讚賞村正刀。他本人使用村正刀，麾下的武士也配戴這種刀。考慮到他周遭的人都使用這種武器，理所當然也認識很多死於村正刀下的人。但他家族的詛咒和村正刀是妖刀、受到惡靈侵蝕的說法，持續讓這些駭人的殺人兵器變成……更加恐怖的害人工具。

儘管德川家康下令禁止村正刀的故事可能只是傳說，卻極具意義。幾個世紀以來，妖刀村正的詛咒事蹟成了帶有政治意味的比喻——整個幕府制度都受到詛咒。此一說法受到反德川幕府的激進人士提倡，他們積極地尋找村正刀作為他們極力推翻幕府的象徵。該做法顯然起了作用，德川家康建立的德川幕府是日本最後的幕府。

時至今日，五百多年過去了，村正刀依然存在，且很可能仍是致命的武器。許多刀都成了私人收藏，有的則放在博物館展出，包括東京國立博物館以及同樣位於首都的日本刀劍博物館。每隔一段時間，這些刀劍就會在全世界巡迴展覽。二〇一七年，日本首相安倍晉三將一把村正短刀送給了俄羅斯總統佛拉迪米爾・普丁。

如今，儘管特徵明顯，我們已很難分辨村正刀的真偽。村正刀真刀擁有一種識別性高的波浪形圖案，如同鏡像般刻於刀刃的兩面；嵌入刀柄的部分則製成獨特的「魚肚」形。然而，由於反幕府人士急需收集這些刀劍，導致有很多偽造的村正刀出現。另外，有人說即使是真刀也為了躲避德川家康謠傳的禁令而改變外表。

判斷一把武士刀是否為村正刀真跡最好的辦法當然就是使其出鞘，觀察它是否嗜血。

不幸的木乃伊

The Unlucky Mummy

原產地：埃及代爾埃爾巴哈里
用途：女祭司亞曼拉的棺蓋
發現年份：一八六八年
當前位置：倫敦大英博物館
年齡：三千歲

我們知道鐵達尼號擦撞冰山沉沒；奧匈帝國的法蘭茲・斐迪南大公遇刺身亡成了第一次世界大戰的導火線。但如果我告訴你，上述兩個人類史上可怕的篇章其實是由某個詛咒物，準確來說是某個從埃及墓穴中盜出的東西所引起的呢？該發現比圖坦卡門墓早了幾十年，為迄今仍圍繞在那位著名少年法老陵墓周遭的詛咒故事提供模板（參見本書第三〇頁）。

傳說中被詛咒的木乃伊很常見，以奈斯敏（Nesmin）木乃伊為例，買下它的英國人被大象踐踏而死；或是埃及維齊爾肯蒂卡．伊赫基（Khentika Ikhekhi）的墓中刻有警告，表示他會甦醒並勒死任何膽敢褻瀆這個墓室的人。但本章要介紹的詛咒木乃伊比他大部分的同伴更加古怪。它是……一個蓋子，沒錯，它屬於一位被製成木乃伊的女祭司的棺蓋，但仍是個蓋子。專業的說法是木乃伊蓋板，這塊木乃伊蓋板的名字叫不幸的木乃伊，我不是在開玩笑，大英博物館目錄中登記的就是這個名稱。

不幸的木乃伊身長約一百五十二公分，形狀和上色都跟曾經的女主人相似。她被描繪成一頭黑髮，從肩膀垂直落下；雙臂交叉，雙手向外平放，就像在模仿蝴蝶翅膀一樣；身著五顏六色的圖案，上頭重複人、神、昆蟲和動物的圖像。她看起來沒有惡意，死時面容安詳，呈現生於三千年前左右的埃及第二十一王朝女祭司亞曼拉的樣貌。但在這塊蓋板下安息的女祭司木乃伊很久以前就消失無蹤了。

即使不把那艘巨大遠洋郵輪和第一次世界大戰算在內，據傳這個名稱像是兒童繪本標題的古埃及文物已為無數的英國人帶來死亡和災害。首先是四名牛津大學的畢業生，他們一九六八年去到埃及的代爾埃爾巴哈里觀光時，撿到了這個棺蓋。據說其中兩人死於旅途中，第三個人——湯瑪斯．道格拉斯．莫瑞在開羅獵鶴鶉時不小心開槍打中自己，導致手臂截肢。第四個

人——亞瑟．惠勒是四個人中唯一安然無恙的，直到他失去財富……兩次。後來惠勒成為這個木乃伊蓋板的唯一所有者。他把蓋板運到英國後，一名攝影師在為蓋板拍照後過世，一名搬運工碰過它後也死了，接著一名專門翻譯象形文字的翻譯家也在試圖解開蓋板的謎團時自殺。

獨臂的莫瑞可能是上述大多數故事的源頭。莫瑞在一八六〇年代時常去埃及旅行，還是鬼魂俱樂部的成員。該俱樂部信奉唯心論，成員會收集各式各樣的鬼故事。他好幾次把詛咒蓋板的故事跟其他成員分享，最終這個故事便以斗大的標題登上報紙。莫瑞活到了七十歲，一邊講述超自然事蹟，一邊把北京犬傳到西方世界。

最後，不幸的木乃伊來到了英國最負盛名的古埃及文物展覽地——大英博物館。到了那裡後，其血腥的來歷在眾目睽睽下確實引起了話題，尤其是當一個名叫伯特朗・弗萊徹・羅賓森的記者於一九〇四年在《每日快報》的頭版上刊登一篇文章，將那塊彩繪木板及石膏命名為「死亡女祭司」。雖然這個綽號比不幸的木乃伊更貼切，卻沒有流行。羅賓森因此惹上麻煩，在發表這篇關於不幸的木乃伊的文章三年後去世。

人們不斷將死亡事件跟不幸的木乃伊連繫在一起。有一段時間，在英國死亡的人都會被認為跟去過大英博物館有關。謠言越傳越盛，以至於整個英國只要發生不幸事件都可以追溯到不幸的木乃伊……正如鐵達尼號的啟程，因為在南安普敦搭載了它命中注定的客人。

謠傳有一些關於鐵達尼號運送一具神祕木乃伊的故事。在以不幸的木乃伊為主角的版本中，由於大英博物館已經不想再有職員和遊客受到詛咒，決定將這東西賣給美國的一間博物館或富豪收集商。不過，不幸的木乃伊卻在鐵達尼號的沉沒中倖存下來。這個詛咒物據稱在一九一二年抵達美國，隨即造成破壞，並在兩年後再度回到寄件者手裡。將這具木乃伊送還英國的是愛爾蘭女皇號，同樣在魁北克的聖羅倫斯河與史陶斯塔德號發生碰撞而沉沒，造成一千多人罹難。

但三艘葬身海窟的船根本比不了第一次世界大戰造成的傷亡。不幸的木乃伊再次從加拿大的船難中倖存，這次被賣給了一個德國人，並贈送給末代德意志皇帝威廉二世。然後一場席捲全球的戰爭爆發，在不幸的木乃伊來到英國前，地球史上從未發生過這種事。

然而，上述關於不幸的木乃伊環遊世界的航海故事都不是真的。故事裡不幸的木乃伊待過船艙、沉入海底及河床，還去了德國，但實際上這個詛咒物一直保持乾燥，放在大英博物館的玻璃展示櫃中。它只離開英國幾次，而那是在一九九〇年以後，去到不怎麼在意其傳聞帶來災害的國家展出。

時至今日，不幸的木乃伊仍舊放在大英博物館裡展覽，四周全是來自埃及的珍寶，使其成為全世界最好的埃及古物收藏之一。但老實說，在它周圍都是完整的木乃伊棺材、實際的木乃伊和其他詭異的文物，看上去似乎更值得受到詛咒。

唉，你甚至很容易略過她。當你走過館內所有展覽品，為吸引你目光或值得注意的文物拍照時……依然會在其他木乃伊蓋板的收藏中完全無視她的存在。

但無所謂，因為這代表她也不會注意到你，但願如此。

西爾維亞努斯的戒指

The Ring of Silvianus

原產地：英格蘭漢普郡西爾切斯特
年齡：一千七百歲
發現年份：一七八五年
當前位置：英格蘭謝爾本聖約翰村維農莊園

如果你是英國農民，在犁地翻土時，總會撿到一些博物館藏品級的物品。也許會撿到一個羅馬帝國統治期間的錢幣，或者中世紀遠征騎士落下的鈕扣，抑或是凱爾特人在某些暗黑且神祕的德魯伊儀式使用的小型佩刀。畢竟你是在一個擁有數千年悠久歷史的土地上耕作。

一七八五年，一個住在漢普郡西爾切斯特的農夫在耕地時，就發現了一枚金戒指，結果證

明那是一枚受到詛咒的金戒指——這枚戒指最終啟發了那枚被詛咒的魔戒靈感。

該戒指是一個大尺寸的圖章戒指，戒指正面以凹嵌的方式刻有維納斯女神像。指環上有十個精細的小平面，彷彿一個受到磨損的車輪螺帽。指環外部刻有倒過來拼的拉丁文：「SENICIANE VIVAS IIN DE」，如此將戒指壓在蠟上印出來時，就會呈現從左往右讀的一句話：「願神保佑聖尼尚奈。」名字卻拼錯了，彷彿是在緊急情況下刻的字。後來發現，當事人聖尼尚努斯（Senicianus）可能躲過了詛咒。

不過發現這枚戒指對那位英國農夫來說是件好事。一枚由黃金製成的戒指，可追溯至公元四世紀，既能換到一些錢又具有歷史意義。但那已經是過去的事了，因為英國對於挖到文物這件事已感到厭煩。農夫將戒指賣給了舒特家族，一個十六世紀居住在維農莊園的望族，不僅有錢還頗有政治關係。這枚戒指被納入該家族收藏的大量古物中，倘若下個世紀在距那位農夫耕地約一百二十八公里處沒有挖出另一件古物的話，或許終將被遺忘。

格洛斯特郡有一座供奉諾登斯古神的羅馬神廟廢墟，諾登斯古神是與治癒、狩獵和海洋有關的神祇（大多數的古神都身兼多職）。廢墟所在的土地有個正式的名稱——利德尼營地，雖然也被稱為矮人丘，以紀念被認為在羅馬人離開後於當地定居的神祕生物。

十九世紀，人們在上述的廢墟中找到一個又小又薄的鉛版，上面刻有詛咒文字。歐洲曾發現成千上萬塊鉛板或石板（稱為咒語板），像是七世紀在賽普勒斯發現的石板，上面寫著：「願你做愛時，陰莖就會痛。」以及「波塞勒斯石板」，刻有蛇髮惡魔站在被製成木乃伊的受害者身上的圖像。解讀咒語板有很多樂趣。

在矮人丘發現的咒語板上刻有以下文字：

我西爾維亞努斯丟了一枚戒指，
願意捐贈其價值一半的財富，
在此祈求古神諾登斯，
讓名叫聖尼尚努斯的人不得健康，

除非將戒指送回諾登斯神廟。

沒錯。刻著聖尼尚努斯名字的戒指在距離石板一百二十八公里外被找到，石板上指控這個名叫聖尼尚努斯的人偷了戒指。而在過去，聖尼尚努斯並非常見的名字。

一八八八年，找到戒指的一個世紀後，維農莊園的繼承人查隆納・威廉・舒特（Chaloner William Chute）在他的書《漢普郡維農莊園史》（*A History of the Vyne in Hampshire*）中記載了鉛板和戒指間的關係。他假設聖尼尚努斯在兩人前去參拜諾登斯神廟時偷了西爾維亞努斯的戒指。在神廟要偷戒指有很多機會，因為朝聖者會在廟裡過夜，並且浸泡治癒浴。就像是在古羅馬時代，有人在健身房偷走別人放在置物櫃裡的手機一樣。

但如果這枚戒指屬於西爾維亞努斯，為什麼會刻著聖尼尚努斯的名字呢？或許是聖尼尚努斯知道要在供奉神明的廟宇中下咒易如反掌，便匆忙在戒指上刻上自己的名字，以及其他類似反詛咒的東西。如此一來就可以解釋為何會拼錯字了；或者是戒指原本是聖尼尚努斯的東西，拿來跟西爾維亞努斯打賭輸了，卻不願意交出去。西爾維亞努斯的詛咒是否奏效是故事中另一個永遠也解不開的謎……除非有人挖出另一件文物，進一步揭開這齣一千七百年前鬧劇的後續發展。

但故事尚未結束。事實上，整起事件變得更撲朔迷離，而且跟奇幻文學迷有關。一九二九年，一個名叫莫蒂默・惠勒爵士（Sir Mortimer Wheeler）的考古學家在研究矮人丘出土的戒指及鉛板時，無意間為另一個故事帶來靈感，並在後來成為二十世紀最受歡迎的文學作品之一。

由於惠勒需要專業人士幫助他研究詛咒中提到的諾登斯神的語源學，便拜訪了牛津大學一位專攻盎格魯撒克遜語令人尊敬的教授：約翰・羅納德・魯埃爾・托爾金，也就是眾所皆知的J・R・R・托爾金。

而後，就在那次會面沒多久，J・R・R・托爾金風格獨特的奇幻小說《哈比人》出版了，內容講述矮人打造的一枚純金鏤刻的戒指受到詛咒的故事。那枚戒指丟失後又再次出現，拿走戒指的人被戒指的前主人追捕，而他知道那名竊賊的名字：比爾博・巴金斯。

我們無法證明西爾維亞努斯的戒指正是這位著名的奇幻小說家的靈感來源，也沒有充分的證據顯示在西爾切斯特找到的戒指跟羅馬神殿廢墟出土的咒語板上提到的是同一枚。但是，最不可能的情況和看似巧合的關聯往往屬實。在兩者都無法證明的情況下，難道你不覺得選擇相信會更有趣嗎？

現在，你可以親眼目睹那枚戒指。維農莊園作為一個歷史遺跡，對外開放，為該收藏提供一整個房間，稱為戒指屋。在裡面可看到西爾維亞努斯的戒指，一旁則是咒語板的複本。原始的咒語板可前往利德尼營地的博物館觀看。當然啦，J・R・R・托爾金的《哈比人》初版小說也跟那枚戒指和咒語板複本一起展示。

II
來自墓地的詛咒

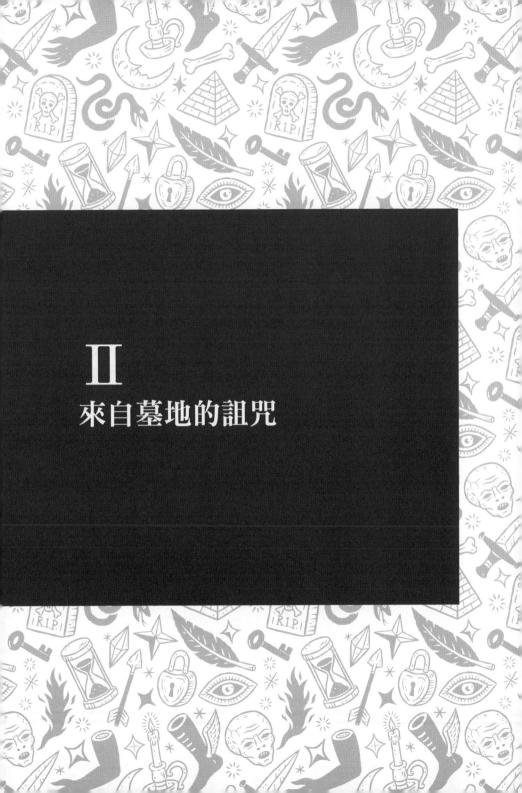

全世界的墓地及墳場皆讓人感到毛骨悚然，不僅如此，偶爾也會成為詛咒之地。我們用來表達對逝者崇高敬意的紀念物時常會演變成有害、不幸，甚至致人於死的媒介。死者生前可能懷有滿腔的嫉妒與怨懟。本單元將介紹會殺人的墓碑、被附身的雕像以及召喚獨裁者的墳墓，就連莎士比亞也有露面。這將給你一個邊穿越墓地邊吹口哨的全新理由。

黑暗艾姬

The Black Aggie

原產地：馬里蘭州派克斯維爾的德魯伊嶺墓園
設置年份：一九二五年
雕塑家：愛德華・鮑許（Edward Pausch）
當前位置：華盛頓特區霍華德・T・瑪基國立法院大樓
委託者：菲利克斯・安格斯（Felix Agnus）將軍

當墓園取了德魯伊嶺這樣的名字，裡面有一、兩座陰森可怕的墓地雕像就不足為奇了。位於馬里蘭州派克斯維爾的德魯伊嶺墓園就有一座很顯眼的雕像，更準確地說是曾經有。現在，如果你走過園內那條舒適宜人的蜿蜒小徑，最終會看到一個類似椅子的基座，底部刻有安格斯這個名字。

那正是黑暗艾姬遭棄置的基座。這座受到詛咒的陪葬雕像有著詭異的過去，後來的經歷更加離奇。黑暗艾姬是一座高一百八十三公分，全身籠罩裹屍布的青銅像。她坐在岩石上，雙眼緊閉，手抬起來撐著下巴。一言以蔽之，十分嚇人。而圍繞在她身上的傳說更是如此。

據說她的眼睛晚上會發出紅光，若是對上她的目光，眼睛就會瞎掉；孕婦從她的陰影下方走過就會流產。還有人說到了夜晚，墓園的亡靈會聚集在她的周圍；假使有人坐在她的腿上，就會死於非命；而只要整夜跟她待在一起，將必死無疑。

根據黑暗艾姬傳說具體的故事，她的手臂在一九六二年不翼而飛。後來在當地一名板金工人的車上找到，他表示這條手臂是有天晚上雕像自己扯下來交給他的。這個故事聽起來荒謬，但只要晚上讓你跟雕像待上五分鐘，你可能就會相信這是真的。

這個雕像會受到詛咒是有原因的。黑暗艾姬是在未經批准的情況下，仿冒一個出色的陪葬藝術亞當斯紀念像所創作出來的作品，原作品是為了紀念一名自殺的女人。

亨利．亞當斯出身於聲名顯赫的亞當斯家族，該家族出了兩任美國總統。他在一八八五年十二月回家後發現結縭十多年的妻子瑪麗安．「柯蘿佛」．亞當斯倒臥地上氣絕身亡。她吞了氰化鉀，一種她常用於攝影的化學藥劑。沒有人知道她自殺的原因，即使有留下遺書，也被她的丈夫摧毀了。

亞當斯雇用著名的愛爾蘭裔美國雕塑家奧古斯都・聖高登斯（Augustus Saint Gaudens）創作一個藝術作品以紀念他的妻子，放在她（最終也是他）位於華盛頓特區岩溪墓園的長眠之地。這座雕像並未命名，但人們稱它為「悲慟」（Grief），認為它是陪葬藝術中最能表現出哀悼與失去的作品之一。亞當斯紀念像很快便聞名世界，成為觀光勝地。一九〇七年，在聖高登斯死後不久便遭到仿冒。

仿冒者是享譽盛名的雕塑家愛德華・鮑許。他為一位生於法國的內戰老兵及巴爾的摩報紙出版商菲利克斯・安格斯將軍創作一個仿冒亞當斯紀念像的作品。安格斯自豪地將這座雕像置於他在馬里蘭州德魯伊嶺墓園的家族墓地，離亞當斯紀念像聳立的位置約五十六公里。聖高登斯的遺孀奧古絲塔對有人未經允許模仿其丈夫的雕像勃然大怒，威脅要採取法律行動。但安格斯拒絕拆除雕像。

一九二五年，安格斯被葬在這座盜版雕像下方，但黑暗艾姬並未像其靈感來源一樣成為遠近馳名的藝術品，反而如其名般成為亞當斯紀念像的暗影，儼然是化身博士的縮影。她成了馬里蘭州最家喻戶曉的詛咒物之一。

由於人們的關注，鬼故事流傳，還有人會在夜晚潛入墓園去到雕像處測試膽量，導致德魯伊嶺墓園的情況每況愈下，而在一九六七年，黑暗艾姬被搬離了墓園。安格斯家族將雕像捐給史密森尼學會，該博物館的員工不想展示這個仿冒品，便將黑暗艾姬推到地下室，以確保不會有人對上她發光的眼睛，或經過她致命的陰影下。三年後，館方收到了亞當斯紀念像授權的原鑄件，放在博物館主廳中央直至今日。在亞當斯紀念像的官方鑄件坐鎮博物館之際，非法仿冒的黑暗艾姬則在博物館地下的檔案室凋零。一九八七年，美國總務署決定購買該雕像，因為他們認為她很適合充當花園地精。

美國總務署將雕像安置在西北區麥迪遜街七百一十七號拉法耶特廣場的霍華德・T・瑪基國立法院大樓前院。如果你在上班時間前往法院，可直接走向這座一個多世紀前的雕像，很多巴爾的摩的青少年和大學生會口耳相傳黑暗艾姬的故事，並在夜晚潛進來。我不得不說——我知道她是未經授權的仿冒品，且來歷可疑，但這座雕像還是很驚人，即使她的眼睛不會發光。

有趣的是，法院就在白宮附近，從雕像的位置可隱約看見白宮，往前走個十幾步肯定能看到。也就是說它很靠近另一個地點，這個地點十分重要，引發了這一連串怪誕事件，導致這座詛咒雕像的誕生。

距離黑暗艾姬所在位置一百五十二公尺遠的地方正是柯蘿佛・亞當斯自殺當時的住宅。那棟建築後來被夷為平地，改建為亞當斯甘草飯店，至今依然存在，據說柯蘿佛的靈魂仍在原地徘徊不去。

比耶克托普盧恩石

The Björketorp Runestone

石型：立石
年齡：一千五百歲
盧恩符文：原始諾斯語
當前位置：瑞典布萊金厄省
高度：四．二公尺
可能的目的：墳墓、紀念碑、神殿、界標

瑞典的比耶克托普盧恩石是世界最高的盧恩石之一，從其側面以古老文字刻著的古老詛咒判斷，罵人的不是隨便一個人，而是維京人，聽過嗎？

每個北歐國家都有自己的盧恩石。譬如，丹麥的葛蘭維德魯普石威脅要將破壞這塊石頭的人變成巫師（或譯為流放者）；同樣丹麥的特里基芬德盧恩石和瑞典的薩利比盧恩石也有類似的咒文，但跟比耶克托普盧恩石上惡毒的詛咒相比，刻在這些石頭上的詛咒皆為溫和的警告。

比耶克托普盧恩石座落於瑞典南部的布萊金厄省，位於波羅的海沿岸。在一片森林的古老墓地中，到處豎立著高聳的石頭，稱為立石。該遺址可追溯自六或七世紀的鐵器時代。有的立石排成圓形，一個圓陣是由三顆高石組成（所以基本上也可稱為三角形），比耶克托普盧恩石就在其中。我們可以清楚分辨出是哪一顆，因為上面刻有古代維京人使用的原始諾斯語寫成的盧恩符文

（原始諾斯語之後演變為古諾斯語，也就是維京人的語言）。

這塊石頭高約四．二公尺，幾乎像棵石樹，形似一把直立的電貝斯，有著又長又細的脖子和一個圓鼓鼓的底部。背面用有稜角的古代文字刻下一句話：「我預見滅亡。」雖然已被風化得快看不清，但因為定期塗上紅漆使其完整地保存下來。這句話本身不一定是詛咒，具體取決於如何翻譯和上下文的關聯。但這顆石頭被認為受到詛咒是由於前面的訊息，對其預測的滅亡有詳細的說明，上面寫道：

我作為盧恩符文的主人，
將盧恩之力封印於此，
破壞這座紀念碑的人將
不斷受到惡意侵蝕，注定
死於非命。我預言滅亡。

或類似這樣的刻文，其文字全取決於譯者。無論如何，這是一個非常強烈的咒語，跟其他盧恩石附在較溫和的銘文後方的詛咒不同，詛咒正是比耶克托普盧恩石的全部內容。幸好，只有破壞石碑的人會死於非命並受到惡意侵蝕。

我找到關於有人真的嘗試破壞石碑的故事十分含糊，聽起來很像鄉野傳奇，但還是值得一說。自這顆石頭存在以來，有個農夫為了從事農務，試圖整理其周圍的土地。他把木材堆在盧恩石四周，點燃木材加熱石頭，然後在石頭上澆冷水，希望藉由溫度突然變化使石頭裂開，如此便可輕鬆移除。正當農夫點火時，突然一陣怪風吹過墓地，同時吹滅盧恩石四周的火勢，火焰被吹向農夫的方向，將他活活燒死。確實如詛咒所言：死於非命，受惡意侵蝕。

除了揭示農夫被燒死和反農業主義的虛構故事外，有幾個理論試圖解釋這顆石頭的真正用途。首先，該石頭是一塊墓碑，下方埋著某個古代維京人。這聽起來有點道理，畢竟這顆石頭位於墓地；但在一九一四年，人們挖開石頭附近的區域，並未發現任何遺骸，這似乎排除了此一理論。

第二個理論是紀念碑——紀念某個死者的墓碑，但其遺體埋在別處，也許早已沉入海底、在異國戰場腐爛或埋在他鄉。似乎有點道理，那是個墓地，下面也未埋有遺骸。

第三個理論則是祭祀奧丁神的神殿。同樣有道理，因為他們是維京人，明白吧？

最後一個理論表示這只是古時候瑞典和鄰國丹麥的界標。但願不是事實——如果是真的就太無聊了。

上述理論都讓石頭上的詛咒具有不同的意義。視情況而定，這顆盧恩石的目的可能是要保護人類遺骸、紀念亡者、防止人們褻瀆神祇或保護邊界的神聖性。

或者這顆石頭上的銘文是慣用語，也許是原始社會的哏。之所以這麼說，是因為距離比耶克托普盧恩石以西約五十六公里的地方發現了另一顆石頭，表面刻有幾乎相同古代盧恩符文的詛咒：史丹托藤盧恩石。史丹托藤盧恩石沒有打破任何高度紀錄，形狀更似長方形，與比耶克托普盧恩石的關聯卻很明顯。一八二三年，一位神父發現了這顆石頭，當時這顆石頭面朝下，圍繞在五顆石頭中間形成五芒星，可能是為了避開山精之類的邪惡生物。近年來，在布萊金厄省瑟爾沃斯堡的一座教堂中也可看到史丹托藤盧恩石，成為一座圍繞惡毒詛咒的聖殿。

世界各地豎立著很多刻著不同語言的盧恩石，但少有像比耶克托普盧恩石那樣粗魯無禮，在一片森林中伸出巨型中指——這就是維京人。

帖木兒墓

The Tomb of Timur

當前位置：烏茲別克共和國撒馬爾罕
年齡：大約六百五十歲
重要性：傳說中的征服者帖木兒埋葬地
別稱：古爾埃米爾陵（Gul Emir）

帖木兒是十四世紀末中亞地區的禍害。在三年半的時間內，他征服了該地區，實施大屠殺，摧毀城市，砍下被害者的頭顱建塔。

六百年後，他更藉由詛咒自己的墳墓在俄羅斯給了希特勒狠狠一擊。這件事待會兒再談。

帖木兒在一三三六年左右生於河中地區，也就是現今的烏茲別克。塔剌海是他的父親，為

中亞眾多部落之一的領袖。他生於一個動盪的時期，各部族都為了爭權而戰。帖木兒極有野心且好殺戮，在他開始傭兵生涯後，便開始組建同盟，尋找追隨者，最終成為該地區終極的軍事力量。

他將自己視為成吉思汗的後裔，試圖在絕對的殘酷和野心方面超越這位蒙古皇帝。他在其統治時期從河中地區開始征服了大部分亞洲大陸，他的帝國最終從地中海擴展到喜馬拉雅山脈，從高加索山延伸至阿拉伯海。在多數情況下，他所做的不僅僅是打敗，而是毀滅。有人估測他所造成的死亡人數多達一千九百萬，可堆成很多座骷髏塔。

但他同時支持藝術和科學的發展，把他所征服的地區所有學者、藝術家和科學家聚集到該帝國的首都撒馬爾罕。他還下令建造諸多非凡的建築傑作，像是雷吉斯坦廣場，但他沒有花太多時間待在四周環繞美麗建築的首都。他更喜歡跟著軍隊住帳篷，忙著四處征戰，無法悠閒地待在宮殿中。

帖木兒的名聲傳到了歐洲，在那裡他的名字叫做「Tamerlane」，意指跛子帖木兒，因為他在當兵時右手和右腳受過傷。

一四〇五年的冬天，當時他正準備前往中國將其納入他的帝國版圖，半路在哈薩克斯坦去世，享年六十八歲。他的遺體被運到撒馬爾罕埋葬。帖木兒帝國在他死後只維繫不到一百年，但這個男人作為殘暴征服者的惡名卻永遠記載在歷史中。

唯獨烏茲別克除外。烏茲別克的人民十分愛戴他，在他的家園豎立好幾座雕像紀念這位征服者，其中一些跟神像的大小相同，將他描繪成各種文化的統一者，這些文化在蘇聯解體後不得不重建。

他的遺體依然葬在那裡。帖木兒在撒馬爾罕的墓被稱為古爾埃米爾陵，代表王陵的意思。其陵墓最顯著的特徵就是那個碩大、帶有綾紋的天藍色圓頂。圓頂兩側各有一根巨大的柱子，宛如象牙般直入雲霄。這個赤陶建築貼滿了藍白兩色的磁磚，以錯綜複雜的馬賽克圖案進行排列。看上去既樸實又奢華。

三個半世紀後，帖木兒留下詛咒的第一個線索才浮出檯面。一七四〇年，一個名叫納迪爾沙（Nadir Shah）的軍閥偷走了跟帖木兒一起埋葬的一塊黑玉，帶回自己位於波斯的家中。那塊玉不知怎的斷成兩半，據說從那時起納迪爾沙開始厄運連連，直到有人說服他把黑玉歸還撒馬爾罕為止。

大約兩百年後，烏茲別克在一九二四年成為蘇聯領土的一部分。然後到了一九四一年六月十九日，帖木兒墓詛咒一事變得越來越耐人尋味。蘇聯考古學家開始對帖木兒墓展露興趣，所以儘管撒馬爾罕的居民群起抗議，他們還是依照史達林的指示挖出帖木兒的遺骸。

該團隊由人類學家米哈伊爾．傑拉西莫夫（Mikhail Gerasimov）領導，他們找到一具高一百六十七公分的屍體，右邊臀部帶有傷口，右手少了兩根手指，證實了「跛子帖木兒」這個綽號。後來，他們將他的遺體運到莫斯科，根據他的頭顱進行臉部重建，這是由傑拉西莫夫率先提出的技術。

幾天後，希特勒帶領德軍入侵蘇聯，這兩起事件隨即被聯想在一起。怎麼可能沒關係呢？這位血腥的獨裁者遺體被挖出來後，另外一位獨裁者便很快降臨。這兩件事交織在一起，使墳墓和棺材上刻有銘文的謠言頻傳。據說墳墓上的銘文寫著：「當我死而復活時，全世界都將顫抖。」根據謠傳，蘇聯的考古學家無視此警告，又在帖木兒的棺木上發現另一個詛咒：「任何打開棺木的人，將釋放出比我還恐怖的侵略者。」希特勒確實慘無人道。

可惜，我們找不到證據證明這些銘文真實存在。然而，兩年後帖木兒的遺體分析完成，考古學家將其重新下葬，蘇聯便在史達林格勒戰役中擊敗了納粹軍，成為第二次世界大戰的主要轉折點。

帖木兒的墓最開始為什麼會受到詛咒的原因不得而知，或許這是撒馬爾罕人民一廂情願的想法，不願讓十八世紀或二十世紀的軍閥打擾他們心目中英雄的屍骨。

或許是因為帖木兒從來就不想被葬在那裡，他本該在他出生的城市沙赫里薩布茲為皇帝特製的墓中長眠。最後卻埋在撒馬爾罕為他的孫子穆罕默德・蘇丹建造的陵墓中。帖木兒在前往中國的途中去世後，由於下雪（也是造成他死亡的原因）通往沙赫里薩布茲的路無法通行，所以他被葬在容易到達的城市撒馬爾罕。也許他對此感到很不滿。

對一個嗜血的軍閥而言，有一點很合適：那就是即使死亡也無法阻止他的殺戮暴行。

黑天使

The Black Angel

當前位置：愛荷華州愛荷華市奧克蘭公墓
委託者：泰瑞莎・費爾戴德（Teresa Feldevert）及其家族
材質：青銅
設置年份：一九一二到一九一三年
雕塑家：馬里奧・科貝爾（Mario Korbel）

它曾經是一座高二・五公尺、金光閃閃的青銅像，用來紀念一位年輕的兒子和摯愛的丈夫，如今卻成了帶有致命詛咒的暗黑駭人形體。你可以在公墓開放時間前往欣賞。

位於愛荷華州愛荷華市的奧克蘭公墓建於一八四三年，佔地約十六公頃，是一座新教公

墓，放眼望去是常見的平原、矩形墓碑以及死人。就墓地而言，沒什麼大不了的，也不值得一提，除了這座十分引人注目且嚇壞遊客的黑天使像。

天使像在公墓中非常普遍，美國和歐洲有上百萬座天使像在亡者間展開石頭翅膀。事實上，數量多到令人驚嘆的有翅人像已經變得像公墓中的矩形墓碑一樣平淡無奇。

但黑天使是個例外。黑天使像渾身散發詭譎的氣息已超越本身的溫和無害，而位於墓地更讓它身上流傳許多詭異的傳說。奇怪的是，這些傳說也會讓這座雕像比起葬在下方的逝者更有紀念價值。人們不會記得無聊的陪葬雕像，恐怖的雕像卻會代代相傳。

這座雕像高二．五公尺，高高豎立在一個方形基座上，使雕像變成整整有四公尺高。黑天使像描繪了一個長裙飄逸、背上有翅膀的女性，頭部向下傾斜，使她的臉一直隱在陰影中。其巨大翅膀呈現一個古怪、不對稱的角度——一邊與她的身體垂直往外延伸，另一邊則像斷掉般往下垂；她的手臂和翅膀呈相對的角度，讓人有種錯覺，彷彿她戴了副綁在手臂上的假翅膀。黑天使的特徵有些圓潤、類似黏土，看起來像是會出現在提姆．波頓電影中的奇幻墓園，而不是愛荷華州真實埋葬死者的公墓。

這個青銅藝術品是由住在芝加哥的捷克雕塑家馬里奧．科貝爾創作。一九一〇年代早期，這座雕像剛被安置在公墓時，全身閃閃發光、光彩奪目。石頭基座的正面刻有「Rodina Feldevertova」，在捷克文中表示「費爾戴德家族」。旁邊還有一顆雕成樹幹狀的高石。

該設計是一名捷克助產士泰瑞莎．費爾戴德留下來的作品。這顆石頭樹首先成形，放在墓園紀念她第一段婚姻生的兒子——愛德華．達佛。他在十八歲那年死於腦膜炎，這是她第二次痛失愛子，前一次是奧托，在她移居美國前兩週去世。

泰瑞莎失去孩子及丈夫後，搬離愛荷華州，先後在幾個不同的地方落腳，最終來到奧瑞岡州的尤金市，認識了尼可拉斯．費爾戴德，兩人最終結婚。她丈夫先她一步離世，留給她巨額財產。她首先用這筆錢做的事情之一就是委託雕塑這座天使像，後來與科貝爾發生爭執，因為她希望把樹幹墓石跟天使像合而為一，但最終兩者單獨成形。無論如何，這座天使像成了她兒子愛德華及其丈夫的埋葬地。最後，在一九二四年，泰瑞莎在她自己委託雕塑的天使像下方長眠，但紀念碑上只寫有她的生日。這是一個美妙的故事，所有家族成員都屈服於生命，在同一個閃亮耀眼的雕像下重聚。

但後來天使像經過時間的洗禮，金紅色的銅像因為氧化變成深黑色，彷彿受到黑暗力量滲透似的，使其腐敗，受到詛咒。我們通常將這些力量稱為時間與天氣，但在此情況下，由於雕像的身形及其翅膀奇怪的角度，似乎跟墓地其他雕像格格不入（而且首先被安置在墓地中），讓雕像顏色起變化這件事變得不祥。

有人說是泰瑞莎後來埋葬的骨灰導致詛咒產生，因為她背叛了丈夫，讓籠罩在這個表面恩愛的家庭上方的閃耀天使再也不願愚弄世人；然而，天使開始變黑是在安置後十年內的事情，當時泰瑞莎尚在世。

自黑天使衍生出的故事跟超自然書籍和網站一樣多，最常聽到的版本就是一旦碰觸雕像就會死。而不知是出自什麼原因，「碰觸」通常指的是親吻。還有，若是孕婦走過黑天使下方的陰影就會流產（這個傳說很普遍，一般來說，孕婦都會想避開晦氣的地方）。據說一名男子因為打破了雕像的拇指發瘋了，而她確實少了幾根手指。另一個謎團是如果在雕像前親吻處女，會使黑天使恢復以往閃閃發光的樣子，但我們大概可以猜出此傳說開始流行的原因。以及據說每到萬聖節，雕像都會變黑。

對於尋求刺激和神祕現象的探險者而言，這是一個很受歡迎的靈異地點，而且是學生必經的儀式。根據當地人的說法，奧克蘭公墓是這座城市的標誌。在黑天使旁的樹幹墓石上刻有銘文，最後兩行留有重要的訊息：

親愛的母親，請不要為我哭泣。
我在冰冷的墓中很安寧。

黑天使絕對是個很酷的墳墓。

向物品施咒的方法

本書大部分的內容是關於防禦：教你如何避開詛咒物（例如：不要挖掘屍體、停止購買昂貴的寶石，以及遠離古老娃娃），但要是你想發動攻勢呢？如果你想向某個東西施咒呢？又該怎麼做？

事實證明，施咒有很多方法。來自世界各地的文化、宗教和人群似乎都有他們施咒的方法，這顯然是人類普遍會有的想法。

古希臘人和羅馬人會在鉛板和石頭上刻下咒語，全歐洲都曾挖出成千上萬個類似的咒語板。愛爾蘭和蘇格蘭早期的基督徒有一種叫做「bullaun」的祭器，或稱為咒石，上面常有凹洞。使用的方法是下咒之人會把更小的石頭放進凹洞中，翻轉石頭的同時祈禱讓不幸降臨到他人身上。維京人會在一種稱為獸頭棒的棍棒上刻下咒語，插上馬頭，再把獸頭棒插在地上面向預定受害者的家。在日本，我們可透過一種稱為「繪馬」的木匾下咒，在上面寫下詛咒，並掛在稱為「斷惡緣神社」（縁切り）的特殊地點。在印度，檸檬和辣椒既可作為保護也可拿來下咒。把檸檬和辣椒串起來，以稱為「nimbu mirchi」的形式懸掛起來可抵禦邪靈，但把這種裝飾丟在車水馬龍的街上就會對過路人實施詛咒。而來自世界各大陸的人們——從非洲、歐洲、亞洲到美洲——都有詛咒雕像和娃娃。

有人說，只要手持一個東西並在腦海裡對某人施加壞念頭，就可以對任何物品下咒。這件事告訴我，到頭來是什麼東西和方法都無所謂，重要的是意念。

卡爾・普魯特的墓碑

The Gravestone of Carl Pruit

原產地：肯塔基州普瓦斯基縣
當前位置：未知
設置年份：一九三八年
死亡人數：五人

肯塔基州普瓦斯基縣的東南邊境是一大片露天礦場。依照不同論點，這一窪窪裸露的地面可以是礙眼的風景、破壞環境的行為、當地人急需的工作來源和重要的經濟資源。但其中一個細長的礦坑卻跟其他的有所不同，因此導致另一種論點產生。或許它拯救了人類免受詛咒物傷害也不一定。

傳聞很多詛咒物都是致命的，但卡爾・普魯特的墓碑肯定嗜殺成性。根據傳說，它一共造成五個人死亡，每個人都遭到鎖鏈勒死。

故事是這樣的：一九三八年，卡爾・普魯特回到家。他身為木匠，手指沾滿木屑，肺部也吸入大量鋸木粉末。他提早下班，期待見到妻子，卻見到妻子渾身赤裸地跟另一個男人在床上。普魯特勃然大怒地襲擊他的妻子，那名裸體男子則因剛完事，狼狽地從距離最近的窗口落荒而逃。

普魯特隨手抓起一條鎖鏈，繞在其妻咽喉處直到她斷氣。他隨即感到一陣悲痛與恥辱，意識到自己做出不可挽回的事後，便抓了把槍，朝自己的臉開槍。這是一個駭人卻很尋常的故事，但接下來事情的發展超出你我的想像。

普魯特的遺體被埋在附近的公墓中。傳說，隨著時間流逝，標示他墳墓的墓石有一部分變色了，石頭表面出現像是鎖鏈的痕跡。當地人開始對這個殺妻後畏罪自殺的故事和出現痕跡的石頭備感興趣，而正是這個墓石讓他的故事跟一般墓地鬧鬼事件大相逕庭。

立好墓碑後的某天，一群男孩騎著自行車去到墓園。一個叫詹姆斯・柯林斯的男孩用石頭砸向墓碑。石頭碎裂開來，花崗岩的墓碑也被打出裂縫。當他們失去興致準備回家時，詹姆斯・柯林斯的自行車瞬間失去控制，撞上一棵樹。其他人上前查看狀況，發現他死了——但不是因為撞到頭。在碰撞間，自行車的車鏈不知怎地纏住他的脖子，將其勒斃。隔天，墓碑被柯林斯用石頭砸出的裂痕不復存在，墓碑上只剩下鎖鏈的痕跡。

幾週後，柯林斯的母親悲痛欲絕，帶著一把十字鎬去到公墓。她把普魯特的墓碑敲毀後便回家洗衣服。當她把洗好的床單拿去晾時，那條鎖鏈狀的晾衣繩繞在她的脖子上，使她窒息而死。當地人前去查看她一手造成（及消除）的損害，發現卡爾·普魯特的墓碑完好無缺，像全新一般閃閃發亮（加上一條鎖鏈痕）。

石碑擁有神祕力量的故事就這麼傳了開來，最終出現另一個人決定測試一下詛咒的真實性。一名農夫拉著馬車經過公墓時，朝墓碑開槍。他的馬狂奔起來，使農夫身體往前摔下車，被馬具的拖鏈勒住喉嚨斷了氣。卡爾·普魯特的墓碑則毫髮無傷。

一次，兩名警察前去調查該地區發生的大事，其中一人對那塊墓石和整個故事嗤之以鼻。當兩人準備離開墓地時，被一道光追趕，嚇得負責駕駛警車，心中存疑的警官驚慌失措。他把車轉進兩根柱子間，撞了上去。副駕駛座的警官被扔出去，僥倖存活；駕駛則被發現死亡，被連接兩個立柱的鏈子勒死。

謠傳最後一起死亡案件發生在肯塔基州東南部，一名男子突然對這個詛咒物感到厭煩，拿著錘子和鑿子前往公墓把墓碑砸爛。他捶了一整夜，最後奮力大喊一聲結束。當地人發現他死了，脖子上纏著公墓大門的鎖鏈。錘子和鑿子掉在一旁，但卡爾·普魯特的墓碑上毫無破壞的痕跡。

這類人們被勒死的事件層出不窮，當地居民開始出售自己的家族墓地，把他們摯愛的親人遷出墓園，遠離那顆受到詛咒的石頭。最終，該公墓被縮減成一塊地，只剩一個留有鎖鍊痕的墓碑。如果那塊地沒有賣給採礦公司，並在一九五八年將整個地區開採成露天礦，該墓碑可能會繼續害死人。人們推測這顆石頭最後會跟礦坑的瓦礫一起留存下來，埋在地底下，等待之後被考古學家發現，再次解開詛咒的束縛。

有一張黑白照片永遠跟這個故事連繫在一起，照片中是一個身穿工作服、戴著大號報童帽的男人，倚在一輛老車的車尾。沒人知道照片中的男人是否是卡爾・普魯特，或者這張照片與故事的關聯。這個傳說的起源似乎來自已故作家麥可・保羅・亨森（Michael Paul Henson）於一九九六年出版的《肯塔基靈異故事集》（*More Kentucky Ghost Stories*）中。

許多學者試圖尋找普魯特的死亡證明都徒勞無功，但發現在一九五〇年，來自肯塔基州路易維爾市，一個名叫艾諾斯・C・普魯伊特（Enos C. Prewitt）的人的死亡紀錄……死於自刎的槍傷。

除此之外，我們學到了一個堅定的觀念，千萬不要藐視任何憤怒殺妻的兇手墓碑。

青銅女士像

The Bronze Lady

當前位置：紐約沉睡谷公墓
紀念對象：塞謬爾・羅素・湯瑪斯（Samuel Russell Thomas）將軍
雕塑家：安德魯・奧康納二世（Andrew O'Connor Jr.）
設置年份：一九〇三年
模特兒：潔絲・菲碧・布朗（Jess Phoebe Brown）
別稱：沉思

紐約荷蘭老教堂墓地和鄰近的沉睡谷公墓以華盛頓・歐文（Washington Irving）及其一八二〇年發表的小說《睡谷傳奇》間的關聯舉世聞名。不過，除了無頭騎士外，該墓地還存在另一

種黑暗力量，她就是青銅女士。

華盛頓・歐文的作品中，無頭騎士的屍首埋在荷蘭老教堂墓地，而在故事中，一個暗黑騎士從該墓地騎馬出去，奪走嚇壞了的學校教師的頭顱。荷蘭老教堂矗立在橋樑對面，這個無頭幽靈會追趕任何人到橋的盡頭。在此期間，新建的沉睡谷公墓就在舊公墓隔壁，最後成為華盛頓・歐文在一八五九年逝世後的長眠之地。

位於荷蘭老教堂正後方的墓地佔地一公頃，於一六八五年左右設立。沉睡谷公墓面積較大，大約三十六公頃，在一八四九年對外開放。除了華盛頓・歐文，紐約的富豪家族像是洛克斐勒、卡內基、克萊斯勒和阿斯特的家族成員都葬在那裡。歐文在建立新公墓和取名方面幫了不少忙。

當時公墓所在的村莊名叫北柏油村，村長本來建議將墓地命名為柏油公墓。歐文成功地向其施壓以打消他們最初的念頭，改稱他喜歡的名字：沉睡谷公墓。過了半個世紀，來到一九九七年，村莊的名字也改為沉睡谷，利用以該村莊為背景的著名鬼故事命名。

但那裡還傳說著另一個鬼故事。沉睡谷公墓的青銅女士不得不活在無頭騎士的陰影下，即便她……是真的。

青銅女士是一個更具神祕色彩的女性雕像。她呈現坐姿，雙眼緊閉，兩隻手交疊放在膝上；頭上披著一塊裹屍布，身上穿著一件長袍。與大部分墓地雕像不同的是，歲月流逝和氣候的侵擾並未讓她變得特別嚇人，她看起來就跟原本一樣，一個巨大、漆黑的女性雕像。

她被夾在兩棵松樹中間，正對一個巨大的方形陵寢，裡面是塞謬爾．羅素．湯瑪斯將軍的墓。湯瑪斯因參與內戰榮獲星級，從美國軍階的少尉升為准將。內戰過後，他以同樣的熱情提高累進稅率，使生鐵、煤和鐵路業的稅收增加，這些政策讓他得以建造偌大的陵墓和雕像。

雖然該雕像和陵墓同是紀念碑的一部分，其擺設的方式卻很不尋常，而這種安排可能就是詛咒的起源。青銅女士正對著陵寢，彷彿不是為了讓人觀看，而是在監視墳墓，幾乎就像是守護者，或者是在等待有人走過那道綠色的青銅門。結果就在不知不覺間形成一種詭譎的氣氛，導致許多當地居民在成長過程中，時常談論那座雕像受到詛咒的事蹟。

傳說有人聽見青銅女士的哭聲，還有人聲稱見過她流淚的樣子；孩童會在萬聖節溜進墓園，相互打賭觸摸雕像試膽；要是從陵寢的鑰匙孔向內窺看，或敲響那扇金屬門，據說晚上會做噩夢；而如果有人試圖破壞雕像，像是踢她的小腿、打她的臉或朝她吐口水，將會終生受到她的鬼魅糾纏。有一說，如果你對雕像不敬後，從鑰匙孔向內窺看，會看到一雙鮮紅的眼睛回瞪著你。另一個傳說表示要打破詛咒，就必須再次拍打雕像，並在陵寢的門上敲三下。

奇怪的是，關於此雕像有一個正面的傳說：如果你友善地對待她，她將守護你餘生。很多人對此說法深信不疑，公墓職員經常在她的腿上發現錢幣。

這座雕像是由將軍的遺孀安．奧古絲塔．波特．湯瑪斯，在其夫一九〇三年一月十四日去世後，委任安德魯．奧康納二世創作。雕像被命名為「Recueillement」（法語的「沉思」之意），並依照潔絲．菲碧．布朗的樣子而作，她是奧康納最喜歡的模特兒之一。

根據桃樂絲．弗洛迪．索德曼（Doris Flodin Soderman）在一九九五年的著作《雕塑家奧康納》（*The Sculptors O'Connor*）中所述，湯瑪斯太太去奧康納的工作室看她委託的雕像時，並不喜歡雕像的外觀。她希望雕像看起來更幸福的樣子，或許能為家族死而後生的前景帶來希望。奧康納忠誠地請他的客戶給他一週的時間，以根據她的意見作修改。當湯瑪斯太太再度來訪時，他給她看了新捏的頭部，臉部表情變得開心許多。湯瑪斯太太表示很完美，奧康納卻在此時將頭扔向地面，砸得粉碎，然後說：「我重做一個只是要告訴妳我能辦到，但我絕對不會讓這種醜陋的東西離開我的工作室。」

陵寢內只有兩個窖室標有名字：塞謬爾．羅素．湯瑪斯及其兒子愛德華。湯瑪斯太太並未葬在那裡。至於愛德華，即使他的名字出現在窖室，公墓也沒有任何人葬在那裡的紀錄。

也許如果奧康納聽從湯瑪斯太太的建議，他的作品今日就不會受到詛咒。但話說回來，或許詛咒無可避免。在《睡谷傳奇》中，華盛頓．歐文對居住在該村莊的人們是這麼描述的：

他們沉溺於各種奇妙的信仰，容易受心理狀態和幻象影響，經常看見各種奇怪的景象、聽見旋律和人說話的聲音。整個鄰里都流傳著當地的傳說、靈異地點和未知的迷信……。

或許在無頭騎士的家鄉，任何青銅的陪葬雕像都會徹底成為一種詛咒。

莎士比亞之墓

Shakespeare's Grave

當前位置：英國亞芬河畔史特拉福聖三一教堂
重要性：亞芬河畔的吟遊詩人埋葬地
年齡：約四百歲

威廉．莎士比亞知道該如何下咒。當我試圖使用「Open Source Shakespeare」搜尋引擎尋找相關資料時，發現在他四十多部的舞台劇中，詛咒一詞以各種形式出現了一百九十七次之多。但我們不必從這個男人筆下使英語發展的劇作抽絲剝繭，去了解這位劇作家有多麼了解咒語，我們只需要去他的墓前走一遭。

一九五四年，威廉．莎士比亞在倫敦西北部，一個叫做亞拉河畔史特拉福的英國小鎮出

生。他的父親是一位手套商人，母親則是農夫。十八歲那年，他跟安妮．海瑟威結婚並育有三名子女。他後來移居倫敦，成為出色的演員和劇作家，與別人合夥開設劇院公司。四十九歲那年，他回到家鄉，並於三年後過世。在此期間，他徹底地改變使用英語創作的方式，為我們現在使用的隱喻提供大量詞彙。

除了一些傳記事實和他一生創作的戲劇及詩作，我們對莎士比亞知之甚少。就連他在一六一六年逝世的情況和死因也消失在歷史中。不過，我們的確知道他的墳墓受到詛咒，因為就刻在石板上。

但在我們深入他的墳墓之前，讓

我們先談談他另一個著名的詛咒——《馬克白》。這齣關於一名蘇格蘭將軍崛起勇奪蘇格蘭王位的戲劇是他最膾炙人口的作品之一；然而，演出的演員卻因為害怕為自己和演出帶來厄運，而不願在劇院內說出這齣劇的劇名。因此，他們通常把《馬克白》稱為「蘇格蘭劇」或「吟遊詩人之劇」。唯一的例外是當演員在排練或演出時說出馬克白一詞不會受到詛咒。

傳言莎士比亞在劇本中加入女巫和咒語這件事激怒了女巫之盟，他們於是對這齣劇下咒。根據皇家莎士比亞劇團網站，如果一個演員不小心把那齣不能說出名字的戲劇名說出來，打破詛咒的方式是離開劇院，轉三圈，吐口水，咒罵，而後敲門回到劇院。

但這個詛咒只會降臨在演員身上，莎士比亞的另一個詛咒則會影響任何前去參觀他墳墓的人。因為即使被稱為不朽的吟遊詩人，莎士比亞也跟一般人一樣回歸塵土。而他所歸塵土就位於亞芬河畔史特拉福的一座教堂下方。

聖三一教堂是莎士比亞兒時受洗的場所，也是他生命終結的地方。歷史學家還喜歡將他的出生和死亡日期都定為四月二十三日，為的是讓他的人生得以更對稱。該教堂的歷史可追溯至十三世紀，座落於亞芬河畔一塊遍佈古老墓碑、充滿神祕美的土地上。但莎士比亞並未葬在那裡，而是和妻子及他們的長女蘇珊娜一起埋在聖所的地板下方（祭壇所在的位置）。一旁的紀念碑繪有這位吟遊詩人腰部以上的畫像，手持羽毛筆和牛皮紙，上方是一對小天使和一顆可怕的頭骨。莎士比亞的墓只是一塊位於地面的石板，甚至沒有刻上他的名字。另一顆本該刻著

「永眠於此」的石頭則是一段詛咒，因為年代久遠幾乎看不清，後來被抄在一塊石匾立於墳墓上方：

拜託，我的朋友，
請在這裡挖一個洞，
老天保佑挖開這些石頭的人，
詛咒那些褻瀆我屍骨者。

據說這個墓誌銘是由莎士比亞親手寫下，理由並非充滿詩意，而是有實際的意義。在他去世的那段時間，遺體常常被挖出來做醫學研究，以騰出空間埋葬新亡的死者，甚至他們的陪葬物也有可能被盜。就莎士比亞而言，還要冒著被劇迷帶走做紀念的危機。寫下這個墓誌銘是莎士比亞確保自己能跟掛在門前那個「請勿打擾」的牌子一起安息。

英國人非常相信這個詛咒。二〇〇八年，由於年代久遠和長期使用，該埋葬地和其他石板表面已開始崩壞，需要整修。負責整修工程的團隊不得不向英國人民保證他們不會動到莎士比亞的遺骨，並且採取一切措施，最大程度地減少對墳墓的破壞。

但問題是，莎士比亞的遺骨可能早在好幾世紀以前就已受到打擾。一直以來都有傳言他的頭骨早已跟其他部位分隔兩地——某一天突然從墳墓中消失了。當然，這段故事似乎明顯是編造出來的，因為在《哈姆雷特》一場無可抹滅的場景中，這位丹麥王子對著他朋友的頭骨，說道：「可憐的約利克」。

二〇一六年，一組研究人員利用透地雷達——以免打擾莎士比亞的屍骨並觸發詛咒——看看是否能找到頭骨尚在或遺失的證據，卻發現頭骨可能的位置有被翻動的跡象。結果耐人尋味，卻毫無定論。

所以在有人全然不顧詛咒，挖開莎士比亞的遺骨尋找確切答案之前，他的頭骨是否存在依舊是個謎。除非還有別的選擇。

約翰尼斯堡的金山大學一位名叫法蘭西斯・薩克萊（Francis Thackeray）的教授曾就此提出一個想法。他在二〇一五年《電訊報》的採訪中，提及一種避開詛咒又能抵達莎士比亞頭骨所在位置的方法。他說：「我們至少可以透過挖到骨頭處，並用高分辨率的非破壞檢測雷射技術掃描表面進行法醫鑑定，而不必動到任何一根骨頭。況且，莎士比亞在墓誌銘中並未提到牙齒的事。」

但願莎士比亞的詛咒不會拘泥於這種小事。

受詛咒的書！

你現在正拿著一個詛咒物，這多虧了本書一開頭的詛咒詩，詛咒偷書賊會遭到吊死，並被烏鴉啄去眼球。

那首詛咒詩的語氣對這本書來說似乎很強烈，但卻重現一個至少可追溯至公元前七世紀的古老傳統。當時的亞述王巴尼拔收藏了很多刻有天譴的陶板，以懲戒那些偷走陶板或在上面刻上自己名字的竊賊。

書本詛咒確切開始的時間是在中世紀歐洲，那時的抄寫員費盡千辛萬苦，不顧寫到眼花和手抽筋，精心製作一本書。而他們想保護那些書籍。不僅因為那些書代表他們辛勞的工作，而且在書籍尚未大規模生產前，偷書就是竊取某個人絕無僅有的知識。書本詛咒就像是古時候保護版權的模式。只是一旦侵犯版權，不會被抓去關或罰款，而是會被烏鴉啄去眼珠，或遭遇更慘的下場。

詛咒書本一直到至少十九世紀都還存在，早就過了書本變得廉價、不值得一個人付出身體及靈魂的時代。本書開頭的咒語源自十八世紀的德國，由一位不知名的抄寫員所寫，比起尋求超自然力量守護自己的作品，他對玩文字遊戲更有興趣。咒語的每一行都以拉丁文開頭、德語結尾。

幾個世紀以來，出現在其他書中可怕的詛咒包括被扔進平底鍋裡煎炸、患上致命疾病、溺水身亡、被豬撕成碎片以及受到死亡詛咒，全都逃不過死劫。所以但願你沒偷這本書。

III
閣樓裡的詛咒

它們會突然出現在跳蚤市場和遺產拍賣上，在堆滿雜物的車庫和地下室找到，或者在搬家和大掃除時冒出來。可能是一件家具、一件裝飾、一個玩具或一件衣服。這些東西本身無害，但可能已受到詛咒。通常詛咒物並非價值不菲的鑽石和考古發現，反而是日常用品居多，都是在家隨處可見的東西，而那正是這些物品如此危險的原因。本單元將介紹只要坐上去就會死的椅子、燒毀房屋的畫作、沒人想打開的櫃子，以及比刀槍更危險的珠寶和娃娃等。上述這些與你家閣樓裡的東西看起來沒什麼不同。

哭泣的男孩系列畫作

The Crying Boy Paintings

當前位置：遍及全球
創作年代：一九五〇到一九七〇年代
畫家：布魯諾・阿瑪迪歐（Bruno Amadio）、安娜・辛克森（Anna Zinkeisen）
畫家化名：喬瓦尼・布拉格林（Giovanni Bragolin）、法蘭奇・塞維利亞（Franchot Seville）

有糟糕的藝術存在，就有邪惡的藝術。前者不符合傳統意義上的美學、創意和技術，後者則會燒毀掛著這些畫作的房屋。有個很好的例子可代表第二類型的藝術，那就是一系列惡名昭彰的歐洲畫作，全都稱為《哭泣的男孩》。

這個特別的詛咒故事始於相對近代的時期。它來自八〇年代，就跟謠傳藍精靈周邊商品充斥著惡魔，以及搖滾樂團透過專輯隱藏撒旦信息洗腦聽眾是同一時期。那時候，人人都對現代神話趨之若鶩。

一九八五年九月四日，英國八卦小報《太陽報》刊登了一篇名為「哭泣男孩的熾烈詛咒」的故事。該報導是轉登自羅瑟勒姆一個地方小報兩天前的文章。其標題十分聳動，下面的文章內容卻是貨真價實的。

故事的核心圍繞在霍爾家遭遇的不幸。其房屋大部分都遭到火焰吞噬，除了一件物品：從廉價百貨公司買來的一幅男孩在流淚的畫。這幅畫並非傳說的起火點。畢竟惡火無情，在被燒成灰燼的房屋中，不可能有東西保存下來。現場的消防人員卻從旁煽風點火，聲稱那這幅畫正是數量很多的哭泣孩童系列畫之一，似乎每次都能在火災中倖存。自一九七〇年代早期以來，消防局已碰見五十多個案例。

依照消防人員的描述能得出三個驚人的推測。一、這一系列畫作在這十多年來一直在大火中倖存；二、掛有這些畫作的房屋似乎很容易發生火災；以及三、這些肖像畫的著火能力不只在原始畫作，還可通過複製畫蔓延，在市面上充斥大量販售商品的世界，這可能是三個推測中最駭人聽聞的一個。但重點很明顯，至少根據《太陽報》的報導可得知：每一幅《哭泣的男孩》畫作都受到了詛咒。

這個想法使擁有該畫作複製品的人大為震驚。《太陽報》向讀者徵求照片，收到了來自英國各地兩千五百張哭泣孩童的圖片。有趣的是，這些照片並不都是同一個男孩，有些同時出現好幾個哭泣孩童，有時候是女孩。但所有的畫顯然都畫著流淚的孩童，其淚水足以撲滅大火。

《太陽報》報社在萬聖節那天將民眾寄來的肖像畫堆成一堆燒掉。之後，報社刊登了一張照片：一個金髮女子戴著消防頭盔，穿著牛仔短褲，也就是其中一期備具爭議的三版女郎。

從那時起，在媒體的多年報導及公共利益的助長下，這個傳說不斷擴大，賦予原始畫作背景故事血肉。據報導，畫裡的男孩名叫唐・博尼洛（Don Bonillo），在一次意外中，不小心將其父母燒死在西班牙的家中。男孩每去到一個地方總會發生大火，讓他有了迪亞布羅這個綽號。身為孤兒，男孩被一個神父領養並受到虐待，同時也被幫他畫哭泣肖像畫的畫家虐待。他短暫的人生在一起發生於一九七〇年代的汽車爆炸中結束。畢竟，一個極具標誌性的哭泣孩童只可以擁有悲慘的人生。畫裡孩童的身分從未經過證實，正如上文所說，這些肖像畫沒有單一形象，在好幾個版本中都出現不同的孩童在哭泣。

至於作畫的畫家，在哭泣孩童畫作上常見到的署名是喬瓦尼·布拉格林，但布拉格林其人並不存在。在一系列的傳說中，布拉格林被認為是另一個畫家法蘭奇·塞維利亞的化名。但法蘭奇·塞維利亞也是化名。後來發現塞維利亞和布拉格林都是一名西班牙畫家布魯諾·阿瑪迪歐設計的俄羅斯娃娃的名字，他倒是真實存在。

阿瑪迪歐畫了很多哭泣孩童的肖畫像，這些肖像畫的複製品於五〇、六〇和七〇年代，在英國各地的百貨公司中販售。事情因為另一位藝術家安娜·辛克森變得更複雜，當時她正在創作一系列憂鬱少年的肖像畫，也透過同樣的管道銷售畫作。而在詛咒的謠言浮出水面時，兩人都已去世。

很多具體的故事細節，尤其是圍繞那些畫作的主題，都刊登在《太陽報》和另一個英國小報《每日鏡報》上，兩家報社都想從這個炙熱的故事獲得最大的利益。

二十五年過去了，這個故事在英國仍廣為流傳。到了二〇一〇年，BBC的一位喜劇演員史蒂夫・龐特決定在電視上測試這個傳說。他拿來一幅哭泣孩童的畫作，並在鏡頭前燒了它（YouTube 上可以找到影片）。值得注意的是，那幅畫並未燒起來，火焰只燒了畫作的一角。

藉由後來的測試，龐特認為該畫作上具有某種阻燃效果。他還提出每間慘遭祝融肆虐的房屋，掛畫的繩線會先斷掉，讓肖像畫面朝下地砸到地面上，加上防火漆的作用，或許能保護畫像不被燒毀。

這個假設很有趣——事實上任何人都可以輕易測試，因為今日我們仍有機會買到哭泣孩童畫作的複製品，雖然不要輕易嘗試比較好。

巴勒魯瓦死亡之椅

The Baleroy Chair of Death

原產地：法國
最後已知地點：賓州費城巴勒魯瓦大宅
年齡：兩百歲
死亡人數：三人
著名所有者：喬治・米德・伊斯比（George Meade Easby）、拿破崙一世

椅子是世界上最平凡的物品之一。人們發明椅子的原因是因為腳會痠，又不想讓屁股接觸骯髒的地面。但在一定的情況下，椅子可能會令人恐懼。而最符合的情況絕對是受到詛咒。

巴勒魯瓦死亡之椅就是邪惡椅子的絕佳範例。這個莊嚴的詛咒物是一把擁有兩百年歷史的

藍色軟墊翼型椅。如果你曾經參觀過一棟豪宅，可能會看過類似的家具。而事實上，這張椅子最後一個已知地點就是與其同名的巴勒魯瓦大宅，位於賓州的費城。但上述都是無趣的事實，雖然缺乏一些細節，但它的傳說有趣多了。

傳說，十九世紀的一名男巫製作了這把椅子，但這名男巫的名字和製作原因（除了坐以外）已隨歲月流逝不可考了。據傳拿破崙一世也曾擁有這把椅子（大概是坐在上面）。由於這張椅子擺在巴勒魯瓦大宅裡，有人說一個名叫愛蜜莉亞或亞曼達的鬼魂會以紅色迷霧的形式出現誘惑人們去坐那張椅子；然而，這張椅子之所以出現詛咒的傳言，是因為椅子的主人聲稱它已奪走至少三人的性命。

巴勒魯瓦大宅座落於費城富裕的栗山區的人魚巷。這座擁有三十二個房間的石砌建築可追溯自一九一一年，而作為一棟豪宅，至少外觀看起來很樸實，就像一棟雄偉卻很普通的郊區房屋。房子內部可就完全不同了。

一九二六年，梅．史蒂文生．伊斯比市長及其妻子亨麗埃塔、兩個年幼的兒子喬治和史蒂芬搬進這座豪宅，他們為其命名巴勒魯瓦。這家人在那裡住了很長一段時間，屋內有很多古董擺設……還有鬼故事。

這全拜伊斯比家的長子喬治．米德．伊斯比所賜。當他們全家人搬進那棟房子時，他年僅八歲，他在那裡住了四分之三個世紀，直到二〇〇五年去世，享年八十七歲。他熱愛鬼故事、對巴勒魯瓦傳說的不懈貢獻和熱情的宣傳，讓一些人將這座豪宅描繪為「費城鬧鬼最凶的房屋」，以及「全美最駭人的鬼屋」。

伊斯比聲稱他見過原屋主的鬼魂，在那棟房子裡謀殺自己妻子的木工。他們搬進去的第二天，當伊斯比和他的弟弟史蒂芬在前院的噴泉旁玩耍時，伊斯比表示史蒂芬的倒影變成骷髏頭的形狀，不久他便因不明疾病過世。當伊斯比在睡夢中時，會有幽靈般的手抓向他。有時候他會看到靈體在大廳中漂浮，廚房的櫥櫃會自己開關，汽車的幻影開向房屋並消失，湯瑪斯．傑佛遜的鬼魂在飯廳裡現身，以及身穿黑衣的女人和披著米色長袍的僧侶時不時出現在屋裡。

伊斯比曾對《時人》雜誌的一位記者說：「我喜歡住在這裡，但實在很驚險。」他接受屋裡的大部分鬼魂，甚至相信自己的弟弟和母親死後成了靈體縈繞不去，他的母親還引領他去到屋內藏著家族祕密寶藏的地方。這篇文章發表於一九九四年十月的期刊，還刊登一張伊斯比的黑白照片。他坐在一張椅子上（應該未受到詛咒），滿頭白髮，咧開嘴露出詭異的笑容，背後出現一縷形體。他手裡拿著一小張母親的照片，看起來彷彿恐怖電影的宣傳海報。而有一陣子，伊斯比確實試過演出並製作一部低預算電影。總而言之，他似乎是那種會為了尋求刺激而保留詛咒椅子的人。

環繞在伊斯比周圍的古董和幽靈為他的電影提供充足的想像力，尤其拿破崙的私物是整個收藏最重要的部分。他的家族對法國文物很感興趣，巴勒魯瓦本身就是以法國某個地方命名。但凌駕在那棟豪宅其他靈異事件之上的正是那張死亡之椅。

人們認為這張椅子被存放在那棟豪宅裡一個藍色房間裡，裝飾成十八世紀的起居室。據說在很多人坐了那張椅子而死後，伊斯比就把椅子吊起來，避免更多客人遇害。伊斯比對一九八九年的書《美國鬼屋》的作者表示，他的一個管家坐上那張椅子後倒地，幾個小時後身亡。下一個受害者是伊斯比的表親，第三個則是他名叫保羅．基蒙斯的朋友。兩人都在幾星期後去世，而根據伊斯比所述，他們都不相信詛咒一事。他們是否有人見到叫做愛蜜莉亞或亞曼達的紅色形體則不得而知。

伊斯比一生未婚，也沒有子嗣，所以在他死後，儘管死亡之椅會對人造成危害，他的豪宅依舊對外開放了一段時間。少數幸運的遊客得以在珍貴古董仍開放展覽時，參觀那棟臭名昭著的豪宅。後來，有的捐給博物館，其他則被變賣，最後房子也被賣掉。現在該豪宅成了私人住宅，屋主可能碰到的鬼魂又多了一個。在他去世前，伊斯比曾在一九八四年刊登的《栗山地方報》一篇文章說：「等我離開後，會變成鬼魂回來——如果他們不好好對這個地方，我會緊跟著他們回去那裡。」

在伊斯比加入亞曼達／愛蜜莉亞、他母親和其他在那棟房子裡的幽靈行列後，死亡之椅是否有進行遺產轉移無人知曉。但如果你覺得自己夠大膽，可以走上門廊，按下門鈴，你很容易就能找到答案。

但你最不想聽到的話大概會是：「坐吧，我們很快回來。」

聚魔櫃

The Dybbuk Box

原產地：西班牙或紐約
當前位置：內華達州拉斯維加斯札克巴甘斯鬼屋博物館
內容物：兩枚一九二〇年代產的一分硬幣、兩撮頭髮、一個花崗岩雕像、一個乾燥玫瑰花蕾、一個酒杯、一個燭台以及一個惡靈
前所有者：凱文・曼尼斯（Kevin Mannis）、約瑟夫・尼茨克（Iosif Nietzke）、傑森・哈克斯頓（Jason Haxton）

在猶太民間傳說中，的卜（dybbuk）是一個邪靈，有時候指的是人死後靈魂在來世走上歧途。該名稱意指「緊抓不放」，可謂名符其實，將一個生者的靈魂拖入萬丈深淵。不過，當一

個靈魂被塞入櫃中後，該櫃子就會受到詛咒。而惡名昭彰的聚魔櫃傳說最開始的故事源頭，並非源自古代的民間傳說，而是二十一世紀的數位平台以及流行文化的名人。

二〇〇一年，一個名叫凱文・曼尼斯的人去參加了奧瑞岡州波特蘭市的遺產拍賣，看看是否可為他的二手家具事業挖到寶。那棟房子曾經屬於一個從納粹大屠殺倖存下來的女子，她在全家人遇害後逃到西班牙。

曼尼斯在那兒找到一個跟後背包差不多大小的木櫃，是那名女子在西班牙購入的便攜酒櫃。兩扇櫃門上各有一串葡萄的雕刻，裝著大型鉸鏈，底部則有一個小抽屜。該酒櫃的設計是打開一扇門後，另一扇門和底下的抽屜也會跟著一起打開。櫃子背部刻有猶太祈禱文。曼尼斯買下了它。

回到自己的店後，曼尼斯發現他不只買了個櫃子，還是一個裝滿物品的櫃子。櫃子裡有兩枚一九二〇年代產的一分硬幣、一撮金髮、一撮黑髮、一個小型花崗岩雕像，上面刻著一個字「shalom」（希伯來語的「平安」）、一個乾燥玫瑰花蕾、一個黃金酒杯和一個鑄鐵燭台，底座形似章魚觸手。

這些東西的來歷是一團謎，但跟這個故事沒什麼關係。有關的是，曼尼斯買下這個櫃子後，便開始發生不好的事。他的店遭到破壞，他也開始看見黑影出現，聞到氨的味道，並且夢到有關女巫的噩夢。每當他想把櫃子送給別人或賣掉，都被退了回來，包括他的母親，在他把

שלום
ONE CENT
ONE CENT

櫃子送給她後就中風了。最終，曼尼斯認為所有奇怪現象的根源都來自聚魔櫃。

這類故事通常的結局都是所有者死亡，或者被詛咒的物品消失還是成為博物館收藏。但故事出現了轉折，這是只有在現代數位世界才可能發生的劇情。二〇〇三年，曼尼斯把聚魔櫃放到 eBay 上拍賣，當時 eBay 已成立八年了。在他對商品的敘述中，他詳細地描述自己對這個櫃子的懷疑，希望比他更了解超自然現象的人能買走它。他甚至沒有寫上底價。最後這個裝滿詭異祭祀物品的破舊櫃子以一百四十美元的價格售出。

買家是一位來自密蘇里州的大學生，名叫約瑟夫．尼茨克。無論尼茨克是否擅長應付詛咒物或猶太邪靈、受其背景故事吸引，或是想貯存葡萄酒都不清楚，我們只知道他所描述自己高價買下聚魔櫃後發生的事。

根據尼茨克的說法，他和他的室友開始經歷一連串麻煩，像是突然出現過敏症狀、聞到怪味、長時間神智不清，並且發現電子設備常常故障。這些怪現象最終升級成掉髮和看見模糊的黑影。有趣的是，秉持把危險送回源頭的想法，尼茨克再次把聚魔櫃放上 eBay 販售，附上他親身經驗的新故事。那是在二〇〇四年，距離他買下這個櫃子不到一年，這次以兩百八十美元的價格售出。

第三個買家是傑森．哈克斯頓。當時他是密蘇里州 A．T．斯蒂爾大學骨科醫學博物館的館長。哈克斯頓聲稱自己買下聚魔櫃後造成各種身體不適，體力卻提升許多：他認為那個櫃子逆轉了他的老化過程，把它稱為他的「青春泉源」。他把酒櫃放進一個鑲有二十四克拉金飾邊的相思木櫃中。

哈克斯頓大幅提高了這個酒櫃的形象，在二〇一一年寫了一本關於它的書，為其創立一個網站，並接受採訪介紹這個他所購買的超自然物品。當大家發現他擁有該物品後，他便著手撰寫編年史，以應付他收到的大量關於資訊的請求。

越來越多人知道聚魔櫃，該故事還被改編成一部二〇一二年的電影《聚魔櫃》，劇情有很大的部分是參考《洛杉磯時報》二〇〇四年刊登的一篇關於聚魔櫃的文章，作者是萊絲莉・高斯坦（Leslie Gornstein）。幕後名單的製作顧問寫著凱文・曼尼斯的名字，也就是起初將櫃子放上 eBay 拍賣的人。

二〇一七年，超自然電視實境秀《鬼屋實錄》的主持人札克・巴甘斯，為自己在拉斯維加斯開設的鬼屋博物館（有關「鬼屋博物館」更多資訊，參閱第一八九頁）買下聚魔櫃。一位消息人士稱巴甘斯付了一萬美元買下這個在網路很夯的櫃子，其價格跟他博物館裡一些高價收藏差不多。（這個故事的啟示：投資詛咒物是門好生意。）

聚魔櫃成了巴甘斯博物館的鎮館之寶，門票上還印有「世上鬧鬼最兇的物件」。館方提供聚魔櫃單獨一個房間，放在（也被困在）一個玻璃櫃中展示，打上聚光燈，四周灑了兩圈鹽和鼠尾草進行防護。當我前往參觀時，導覽員把鹽圈被破壞的地方指給我看，解釋了櫃門是自行打開半掩著。哈克斯頓用來裝聚魔櫃的鑲金櫃就擺在隔壁的玻璃櫃中。

這個詭異的故事最後的轉折出現在饒舌歌手波茲．馬龍（Post Malone）身上。他在二〇一八年受邀上札克．巴甘斯的《鬼屋實錄》節目時，與聚魔櫃有過接觸。之後，波茲．馬龍遭受了一連串不幸事故，包括坐飛機遇到緊急降落、車禍並遭人搶劫。不久後，巴甘斯公開了博物館的紅外線監控錄像，顯示波茲．馬龍在擺放聚魔櫃房間的影像。該影片沒有聲音，只看見那位饒舌歌手似乎受到干擾，最後把巴甘斯推出房外。意思很明顯：波茲．馬龍是受到詛咒的聚魔櫃的最新受害者。

另外，這個故事中另一個值得注意的地方就是在曼尼斯上 eBay 拍賣聚魔櫃前，從未有過類似的商品存在。民間確實流傳著聚魔櫃的傳說，聚魔櫃也是真實存在，但在猶太神話中，並沒有這種神燈惡靈類的故事先例。除此之外，《懷疑論者》雜誌的作者肯尼．比德爾也曾經對此說法表示懷疑，並提出實際證據，該櫃子的尺寸太小，不可能是猶太人的酒櫃，而是二十世紀中葉在紐約製作的迷你酒吧。不過，這樣的故事起點，跟在納粹大屠殺倖存者的遺產拍賣買下這個木櫃一樣奇怪。

從 eBay 網站奇怪的拍賣商品一躍到大銀幕，最後到詛咒美國最頂尖的音樂人之一，聚魔櫃已在流行文化界惡名昭彰。結果就是在 eBay 上聚魔櫃隨處可見。要是你膽子夠大的話，現在就可以訂一個。

巴薩諾花瓶

The Basano Vase

原產地：義大利
材質：銀
年齡：六百歲
當前地點：未知

這個義大利產的銀色花瓶比起詛咒物更像一個徹頭徹尾的連環殺人兇手。從十五世紀起，一直到一九八〇年代的某個時候，已有十二起死亡案件與這個花瓶有關。其間花瓶一直插著各式各樣漂亮的花。

前提是這個花瓶是真實存在的。沒有太多證據顯示這個花瓶存在，只有十幾篇無聊的部落格文章和詛咒物名單。巴薩諾花瓶的故事之所以引人注目，是因為欠缺可驗證的事實或明顯的謊言，兩者在詛咒物的歷史中緊密結合在一起。假如一個詛咒物沒有名稱，或沒有可信服的詳細敘述，那一定會有人為其編造故事。然而，儘管缺少具體細節，巴薩諾花瓶的詛咒故事仍然存在，它總會在網路上介紹史上最駭人的詛咒物文章中出現，卻只有幾個片段的敘述和報紙照片作為證據。

故事發生在十五世紀的義大利，一位準新娘在婚禮前一晚收到了一個銀色花瓶作為結婚禮物。只是，她永遠也當不成新娘了。因為她在婚禮前夕遭人殺害，但故事並未提到兇手身分。人們將她的早逝歸咎於那個受到詛咒的花瓶，而有時候傳說是她在死前對花瓶下了咒。不管是哪種說法，結論都是花瓶受到了詛咒。那個花瓶一直是女子家族的所有物，在家族親戚接二連三身亡後，他們才意識到這個不幸的根源，而把花瓶藏起來，或交由神父處理。

無論花瓶是如何被藏起來，都做得很好，因為該花瓶的惡劣行跡經過五個世紀後已然消失，直到一九八八年重新躍入眾人的視野中。根據傳說，一個男人發現花瓶埋在自家庭院中，或許還埋有一個字條，警告死神將找上擁有這個花瓶的人。發現花瓶的人覺得一個十五世紀的銀製花瓶可能價值不菲，便把花瓶拿去拍賣，既渴望賺一大筆錢，又想把這個詛咒物脫手。

有人說：「沒有人能贏得拍賣，因為作為代價你將付出一大筆錢。」這句格言對買下巴薩諾花瓶的藥劑師來說格外正確。他在拍賣會幾個月後死亡。之後買下花瓶的醫生也一樣，以及後來的考古學家。故事還講述另一個受害者，但沒有提到職業，直到一位收藏家最終承認世界上真的有詛咒物存在，而巴薩諾花瓶正是其中之一。最後一名所有者把花瓶從窗戶扔了出去，這是一個未經驗證擺脫詛咒物的方法。

一名警察目睹了一切，以亂丟垃圾判這位收藏家罰款，同時試圖歸還花瓶。收藏家付了罰款，卻拒絕拿回花瓶。市內也沒有一間博物館願意接收這個花瓶。有人因為這個花瓶而死的傳言早已傳遍整個地區，人們認為為了插花不值得。最後花瓶消失了，就如同每個詛咒物的故事結局：被某個聰明人摧毀或永遠藏了起來。然而，巴薩諾花瓶的故事還包含一個具體細節：這個銀製花瓶被藏在一個鉛箱中，彷彿它受到的是輻射污染，而非詛咒。

儘管這個花瓶導致的事件有一半是發生在雷根政府期間，但由於沒有足夠證據支持這些細節，讓整個故事聽起來更像寓言。網路上可將該花瓶的傳說與現實拴在一起的證據似乎只有一張報紙上剪下來的照片：一個圓底長頸的容器。從生物學的角度看來，該花瓶幾乎是心形。一起被剪下來的文字說明和部分文章內容看起來是克羅埃西亞語。照片說明翻譯後為：「巴薩諾，擁有死亡力量的花瓶？」擷取下來的部分文章內容則是：「博物館拒收！」基於真實報導，這篇文章可能是傳說的起源，或是報紙的萬聖節版再一次提到這個傳說，這次刊登了一張普通照片作為證據。除非找到完整的文章謄本，否則我們永遠不得而知。

花瓶的名稱「巴薩諾」（Basano）查不到什麼訊息。這個字其實是義大利語中的動詞

「basare」，意思是「為底」或「基於」。義大利沒有任何叫做巴薩諾的地方，而且似乎不是一個適當的名字。然而，巴薩諾（Bassano）則是某個城市名字的一部分——巴薩諾—得爾格拉帕（Bassano del Grappo），也是老橋（Ponte Vecchio）的所在地，同時是一個姓氏。

誰知道呢？我想過不要把巴薩諾花瓶的故事寫進書中，正如我把其他謠傳的詛咒物剔除一樣。但這個花瓶的故事不尋常，是因為它不容易被反證，不像來自倫帕的女人（Woman of Lemb），另一個常跟巴薩諾花瓶相提並論的詛咒物。關於這個小型石像的故事包含幾個鐵證，像是據說曾展出該石像的博物館名稱，很容易就能證明是假的，所以很明顯來自倫帕的女人並不存在。

但我們卻沒有足夠資訊可以打破巴薩諾花瓶的傳說，我也找不到原產地。儘管如此，我把這個花瓶寫進書裡，是為了以防你到義大利旅遊時，碰到一個奇形怪狀的銀製古董花瓶，附上一個鉛盒。放下它，去買義式冰淇淋吃吧。

藍道夫・范倫鐵諾的戒指

Rudolph Valentino's Ring

原產地：加州舊金山
著名所有者：藍道夫・范倫鐵諾、波拉・尼格里（Pola Negri）、羅斯・哥倫布（Russ Columbo）、喬・卡西諾（Joe Casino）、傑克・鄧恩（Jack Dunn）
材質：金戒環鑲上棕色貓眼石
死亡人數：五人

他的全名是藍道夫・阿方索・拉斐爾・皮耶・菲利博・古利埃米・德・范倫鐵諾・丹東戈亞，以藍道夫・范倫鐵諾這個名字為他的影迷所知，是一九二〇年代無聲電影的知名影星之一。超自然迷知道他是因為他有一個受到詛咒的戒指，據說正是這枚戒指造成他在三十一歲身

亡，還有之後幾乎每個戴過這個戒指的人也都死於非命。

范倫鐵諾在一八九五年生於義大利，十八歲那年到美國求職。而他成功了。抵達埃利斯島四年後，他搬到美國西岸開始他的電影演員生涯。拍電影在當時還算是一個位於實驗階段且有點不體面的職業，在演出一連串小角色和反派後，范倫鐵諾於片尾演員名單的位置很快地躍升至主角。他被封為「拉丁情人」，迅速吸引一波影迷。在他死後，約一百名悲慟欲絕的仰慕者與好奇民眾阻塞了他在曼哈頓大街的葬禮現場。據說他的死還造成幾起自殺事件，因為他們不想活在一個沒有范倫鐵諾的世界。

這位一線演員曾經在舊金山得到一枚戒指。那是一枚華麗的金戒指，中間鑲著一顆很大的棕色貓眼石，亦稱虎眼石。據說攤販老闆曾勸范倫鐵諾不要買下戒指，因為這枚戒指先前的所有者都遭受危害。但范倫鐵諾還是買了下來，他飄洋過海，在這個迅速占領世界的新興行業爬到頂端，才不想聽到有人告訴他不能花自己在好萊塢賺來的錢。

一九二六年八月，范倫鐵諾在他參演的著名電影《酋長之子》首映後，便在曼哈頓定居。他在《酋長之子》中出演兩個角色，是一對父子。當時他在現已結業的國賓大飯店房間裡感到腹部絞痛，被送到急診室後發現是胃穿孔，但這並不是他的死因。他在手術約一週後因併發症去世。據說他腹絞痛時正戴著那枚戒指。

在他死後，這枚戒指落到了波拉·尼格里的手上，過去這位波蘭女演員曾跟范倫鐵諾有過一段情。她帶著自己的發言人出席了他的葬禮，聲稱她是范倫鐵諾的未婚妻，並送來大批紅白玫瑰的喪禮花籃，拼出她的名字，成為這起憾事不可或缺的新聞照片。她甚至拿出奧斯卡獎般的悲痛演技，以暈倒在范倫鐵諾的棺材上將表演推向高潮。繼承這枚戒指後不久，尼格里便患上重病。她最終病癒，並把戒指傳給下一個受害者羅斯·哥倫布。

哥倫布作為一名英俊的音樂家和歌手，被稱為「電台范倫鐵諾」，似乎很適合佩戴這枚同名戒指。而他的確在一九三四年死於非命。他被自己一個多年好友藍辛·布朗用槍射中臉部死亡。布朗表示當時他手持手槍和火柴把玩，然而槍不慎走火……打中他的朋友。他的死被判定為意外。

後來，戒指到了哥倫布的一位朋友手中——不是朝他開槍的人——名叫喬・卡西諾。他被卡車撞死後，戒指便由卡西諾的哥哥接手。他本人沒發生什麼事，這可能是因為戒指從他家被一個叫做詹姆斯・威利斯的竊賊偷走了。他闖空門時觸動了警報器，而在他逃走前，警察便抵達並開槍殺死了他。據說當時范倫鐵諾的戒指就在他的口袋裡。

第五個受害者是一名年輕演員傑克・鄧恩，當時他正準備出演范倫鐵諾的傳記。戴上這枚戒指後，鄧恩便染上一種血液疾病，甚至在開始拍攝前便過世了。

如今，沒人知道這枚戒指的下落。鄧恩是這枚戒指最後已知的受害者。謠傳范倫鐵諾的戒指被藏在洛杉磯的一個保險櫃裡，離他在好萊塢永生公墓的安息地不遠；然而，有人說戒指已經從保險箱中被人偷走，所以或許這枚戒指比我們想的更不知所蹤。而也許這是一件好事。

至於這枚戒指確實存在的證據，我們可以在范倫鐵諾一九二二年的電影《年輕王公》中看見他右手小指戴著一枚戒指。但畫面很難看清楚，也沒人知道這枚戒指是否是他的私物，或是服裝部的道具。

范倫鐵諾去世後，在波拉・尼格里委託西班牙油畫家費德里科・貝爾川・馬斯（Federico Beltrán Masse）畫的一幅畫中，出現了一枚可能相關的戒指。這幅畫的重點在於尼格里手指上的方形棕色石頭，在相對黯淡的畫作中脫穎而出，顯示范倫鐵諾融入靛藍色的陰影中，他緊閉雙眼，雙臂環抱吉他。

但或許藍道夫・范倫鐵諾詛咒戒指的最佳證據就在他的遺產目錄上。位於第八十一頁，除了其他各式各樣的鑲石戒指外，有一個看上去無害、簡短的條目：「金綠貓眼石戒指」。「詛咒」一詞並未出現在其謄本上。

羅伯特娃娃

Robert the Doll

原產地：德國
著名所有者：羅伯特·尤金·奧托（Robert Eugene Otto）
購買日期：一九〇〇年代初
當前位置：佛羅里達州西嶼東馬爾泰洛堡博物館
身高：一百零一公分

每個藝術家都渴望長生不死，而出身西嶼的畫家羅伯特·尤金·奧托在這方面的成就比多數人都成功，只是他的生命並未藉由他的作品延續下來。他死後的名聲全源自他的詛咒娃娃。

說到娃娃，是被詛咒還是鬧鬼通常只有一線之隔。具有人格的娃娃比一般的詛咒物意念更強烈，能夠惡狠狠地瞪著你的詛咒物更是可怕一千倍，甚至能讓受詛咒的傳言更容易使人信服。羅伯特娃娃的情況就是如此。

不像大多數鬧鬼或被詛咒的娃娃，羅伯特是獨一無二的。它大約一百零一公分高，裡面塞滿稱作細刨花或木絲的木頭碎片，穿著舊式的水手服；它的眼睛是黑色的珠子，臉上有隨著歲月增加的疤痕；五官似乎不明顯，嘴巴是沒有嘴唇的皺褶；它一隻手抱著填充獅子玩偶，坐在搖椅上。我知道，上面這些敘述並未使它變得較不可怕。

但當小羅伯特．尤金．奧托在一九九〇年代得到這個娃娃時，它看起來並不一樣。它的臉最初被化上小丑妝。至於水手服？那是奧托小時候穿過的衣服。羅伯特娃娃和奧托同名是因為奧托以自己的名字為它命名，他自己則化名尤金。

奧托是怎麼得到羅伯特尚不完全清楚，傳聞普遍認為娃娃是一位女僕送給他的。這位女僕不是來自巴哈馬就是牙買加，使其蒙上一層巫毒島的風格。故事的另一個版本認為娃娃是專門為奧托訂做的，甚至以他為原型。第三種說法則是奧托的祖父前往德國旅行時買下這個娃娃。儘管該版本的故事最平淡無奇，卻似乎是最有可能的答案，因為這個娃娃的產地確實是德國。

羅伯特娃娃是由德國玩具製造商史泰福公司製造的產品，泰迪熊也出自同一家公司。在其中一個版本的故事中，羅伯特從來不是玩具，一開始的製造目的並非給孩童玩，而是專門為櫥窗展示設計的一種娃娃。不管這種說法是否可靠，在被製造出來後一個多世紀的現在，它的存在肯定是特別的。

無論這個超大號的娃娃是如何來到奧托身邊，他都愛死它了，走到哪都要拖著娃娃；他會在晚上跟娃娃說話，並假裝娃娃的聲音回答；他還把發生的不幸都怪在娃娃身上。每個孩子都是天真無邪的，但考慮到羅伯特娃娃的故事發展，使他的所作所為顯得邪惡。

即使小尤金已經不再是個小男孩，他仍留著羅伯特娃娃。這並非難事，因為成年後，他依舊住在這棟位於佛羅里達州西嶼伊頓街五百三十四號的老家中。他的父母在一八九八年買下這棟房子，而奧托一生大部分的時間幾乎都住在那裡，包括人生最後的四十年，跟他的鋼琴家妻子安妮特．帕克一起。那段時間，羅伯特娃娃一直被收在角樓上。奧托始終捨不得丟掉它，它就好像反向的《道林格雷的畫像》，在主人年華老去、頭髮斑白時，羅伯特仍然保持年輕的娃娃體態。

奧托於一九七四年去世，兩年後妻子也隨他而去。從那時起，羅伯特娃娃便開始變得怪異。之後住進那棟房子的人會聽見細小的腳步聲，以及孩子咯咯的笑聲。他們發誓娃娃的表情發生了變化。最後，其中一位屋主麥朵．魯特決定將羅伯特扔掉，在一九九四年將他放逐到東馬爾泰洛堡博物館。與此同時，奧托家的房屋更名為藝術家之屋，目前成為一間住宿附早餐的飯店，散發其維多利亞時期的魅力，與西嶼的舊市區毗鄰。

東馬爾泰洛堡博物館位於西嶼的南羅斯福大道三五〇一號，在一八六二年，還是一座內戰

Forgive me!!!
WARNING
Dear Robert,
Sorry Robert!

時期的碉堡。該博物館經常舉辦與堡壘和西嶼地區歷史有關的展覽，進行一些藝術表演。有一陣子該建築本身就是整個博物館最引人注目的地方，直到收藏了羅伯特娃娃。突然間，東馬爾泰洛堡博物館變得比散佈在東岸的數十個歷史要塞更有趣味性。

羅伯特就坐在堡壘其中一個房間的玻璃櫃裡——與一個孩童的房間相差甚遠，或許這就是他對所有傻傻盯著它看的人惡作劇、讓相機故障的原因。人們還看見他的頭在動，或者改變表情，完全不是一個被放在玻璃櫃中展示的娃娃會有的行為。羅伯特展現了所有鬧鬼或被詛咒的物品會出現的跡象，有些人會想奧托的靈魂是否就附在娃娃的填充物當中。但這個娃娃受到詛咒最令人信服的理由是每天寄到博物館給羅伯特的信。

這些信並非粉絲來信，而是道歉和乞求。每一封信都代表一個人渴望解決在參觀娃娃時嘲諷他，或未經同意拍照後導致的不幸事件。根據這些信件，人們離開博物館後經歷輪胎漏氣，有些人背部痠痛，肩旋轉肌撕裂，還有人從樓梯摔下來。有人把自己婚禮取消、行李不見、失去工作、無家可歸、瀕臨死亡、破產和寵物去世怪到羅伯特身上，差不多是佛羅里達州發生的所有壞事。

如果你想在不冒險的情況下體驗羅伯特娃娃，可以去博物館的禮品店購買三分之一比例的複製娃娃。我就買了一個。小尺寸的它看起來可愛多了。通常我會把娃娃擺在書房的架子上，但當我寫到這章時，我把娃娃放到了書桌上。它似乎很喜歡引人注目。

所謂的巫毒術

人與人之間有些習俗是共通的，無論是何歷史或文化背景。例如料理、音樂，以及使用娃娃詛咒別人。而說到最後一項，有一種詛咒娃娃始終佔據了主導地位：巫毒娃娃。

巫毒娃娃受到巫毒教（又譯伏都教）常見的規範影響，是一種來自西非的宗教和民間習俗，隨著整個加勒比海地區和路易斯安那州的奴隸貿易而傳開來。巫毒娃娃是用衣服、石蠟或任何手邊有的東西製作的替身人形娃娃，可利用各式各樣方式施咒，但最常見的方法是將大頭針插在娃娃身上。把針刺在娃娃的腹部，可使受害者罹患闌尾炎；用大頭針插頭讓他們受偏頭痛困擾；或者把大頭針插在心臟部位置他們於死地。結果比對一張椅子下咒並希望對方坐上去還讓人滿意。

然而，將巫毒娃娃的來由歸咎於巫毒教的習俗毫無根據，可能是誤解，甚至是一種投影，來自歐洲人對該習俗迷戀的結果。根據歐洲傳說，女巫利用衣服、樹枝或蔬菜製成的傀儡詛咒別人。在蘇格蘭，他們把小小的「泥人」在流水中溶解，讓受害者的生命流失。該習俗跟著歐洲早期移民一起流傳到新大陸。第一個在塞勒姆被判絞刑的女巫布里奇特主教，被指控擁有破布和豬鬃製成的傀儡。

使用巫毒娃娃的衝動就跟因為政治言論燒掉畫像或破壞前任照片一樣：利用代替品讓對方遭受假想的傷害非常療癒。

巴斯比之椅

Busby's Stoop Chair

原產地：英國瑟斯克
材質：橡樹
詛咒年份：一七〇二年
當前位置：英國北約克郡瑟斯克博物館
下咒者：湯瑪斯·巴斯比（Thomas Busby）

如果你因為沒辦法親眼看到巴勒魯瓦死亡之椅（參閱第一〇〇頁）而悶悶不樂，我有一個好消息。世上還有另一張詛咒椅，就在英國公開展覽。兩張椅子中，這張椅子蘊含的情感更強烈，因為至今它所殺害的人比起另一張椅子高達十倍之多，而且是由一個殺人犯在被處刑前所施加的詛咒。

位於北約克郡的瑟斯克博物館致力於講述瑟克斯鎮的歷史，正如許多地方博物館一樣——空間不大且按季節開放，被迫跟受歡迎的「吉米．哈利的世界」之類的旅遊勝地競爭，而這間博物館就開在對面。

瑟斯克博物館中放了一些極具當地特色的一般物品：家具、衣物、玩具、廚具、球具，以及在這個平凡小鎮每天都會用到的日常用品。同時也收藏一個世界級的寶藏：薩克遜巨人骨。其下顎和一隻腳的骨骸可追溯自六世紀，一九九〇年代於泰恩河畔紐卡素的加思城堡挖掘出來。這些骨頭屬於一個身高二百一十三公分的男人，這樣的身形使他在今日被描述為巨人，而在當時人類平均身高更矮的年代尤甚。

然而，儘管很吸引人，薩克遜巨人並未受到詛咒，那張釘在離地一半的牆上的椅子才是。這件橡木家具看起來就像一般的餐桌椅，其名字卻與樸素的外觀相左。有人稱它為死者之椅，另一派則稱死亡之椅。通常以巴斯比之椅為人所知，為了紀念一七〇二年，一個因謀殺被判絞刑且在死前對椅子下咒的殺人犯。

湯瑪斯．巴斯比和他的搭檔丹尼爾．奧蒂在瑟斯克鎮上從事偽造貨幣的勾當。據說，巴斯比因為跟奧蒂的女兒伊莉莎白結婚，被迫涉及這個違法的行業。某天，兩人大吵一架，或許是為了奧蒂的女兒，還是奧蒂在他常去的那間酒吧，坐了他最喜歡的那張椅子（在某些故事的版本中，巴斯比是那間酒吧的老闆，其他則說他借宿那裡）。不管引發他們衝突的原因為何，最後都以喝醉的巴斯比闖進奧蒂位於小鎮郊區的農場，用鎚子敲開對方的頭骨作結。巴斯比遭到逮捕被判絞刑，在去絞刑台的路上，他請求讓他去那間酒吧喝最後一杯麥酒，他的請求受到應允。他坐在平常的位置上，灌下一杯酒，然後說：「願任何膽敢坐在我椅子上的人死於非命。」如果他要因為謀殺而被吊死，他也要帶幾個人一起上路。

巴斯比被絞死後，其屍體浸入柏油中用以保存，之後串在木樁（或柱子）上，以警告其他偽造犯、殺人犯和詛咒椅子的人。

最終，這場悲劇成了決定該鎮歷史的要素。那間酒吧更名為巴斯比旅館，而那張被詛咒的椅子在巴斯比的屍體腐爛後，被用來吸引好奇的遊客。

自從那張椅子受到詛咒以來，酒吧裡就不再有打架鬧事及犯罪的人出沒。據說是所有坐過巴斯比之椅的人都死了。一名煙囪工人在一八九四年上吊自殺，鄰近基地許多軍人上前線打仗後就杳無音信。一九六七年，兩名皇家空軍的飛行員在從那間酒吧開車返家時車禍身亡；一名建築工人從屋頂摔落致死；一名清潔人員死於腦瘤；一名啤酒送貨員同樣死於車禍，全都因為他們在那間酒吧坐錯了位置。

這些死亡事件一直持續到一九七〇年代，酒吧老闆覺得那張椅子太嚇人了，便決定捐贈給位於五公里外的瑟斯克博物館。博物館職員將椅子懸在約頭部高度的牆上，確保不會再有人坐上去。

這樣的一個詛咒故事，勢必有些漏洞。比方說，整起事件的起因只有零星的紀錄，關於巴斯比是否娶了奧蒂的女兒，或是殺了奧蒂都沒有清楚的描述。在當時，偽造貨幣會被判死罪，所以故事中說到的詛咒、絞刑和裹上柏油可能都是因為一堆贗幣所致。

但上述說的僅僅是劇情上的漏洞。故事中一個很大的問題是由一位研究家具的歷史學家亞當．鮑維特（Adam Bowett）博士提出。二〇一四年，當地的日報《北方回聲報》刊登了一篇文章，鮑維特表示根據調查，掛在瑟斯克博物館牆上的椅子有部分零件是機器製造，也就是說那張椅子是在一八四〇年後的某個時期製作的——約在詛咒傳說開始一個世紀半後。

這個不幸的發現代表了圍繞這個詛咒物的故事全是捏造的，但我不這麼認為。我相信是那間旅館捐錯了椅子給博物館，而由於那間旅館仍佇立在巴斯比路上（雖然現已改為一家名叫齋浦爾香料的印度餐廳），真正的巴斯比之椅在過去半個世紀仍留在那棟建築中，悄然無息地殺害只是想來杯啤酒或點一份咖哩的客人。

魔幻櫃

The Conjured Chest

原產地：肯塔基州
當前位置：肯塔基州法蘭克福肯塔基歷史學會
製作年份：約一八三〇年
受害者人數：十六人
創作者：奴隸雷幕斯

這是個漂亮的老抽屜櫃，手工雕刻拋光桃花心木，有著細緻的唐草紋和葉片圖案。高一百二十公分左右，古色古香，四支桌腳裝有方便的滑輪。共有四個抽屜，每個抽屜都有一個老式的鑰匙孔，各配上一把舊鑰匙。如果你在某個古董店或遺產拍賣會中看到這個櫃子，那你就找到寶了。它唯一的問題是抽屜裡不能放任何東西，不論是誰把私人物品放進去都會受到極大的傷害，甚至可能會死。這當然有違一個抽屜櫃的功用，但一個詛咒物之所以有名通常與實用性無關。

附著於這件家具的詛咒可追溯自一九三〇年左右，這個櫃子是為了肯塔基州一名富有且殘忍的奴隸主傑瑞麥．葛雷姆精心製作的。他的後世子孫曾稱其為「魔鬼的化身」。當時，葛雷姆命他的一個奴隸雷慕斯為他即將出生的長子製作一個抽屜櫃，雷慕斯照做了。但葛雷姆不知道為什麼討厭那個櫃子，討厭到把雷慕斯打死了。

家中其他奴隸聯合起來進行報復，將貓頭鷹乾燥的血灑在抽屜內部，同時誦念被稱為「魔幻輓歌」的咒語。他們對其下了咒，此後這個櫃子便被稱為魔幻櫃。這個櫃子在之後的一個世紀不斷折磨葛雷姆的後代，使多達十六人傷亡。

櫃子被放到葛雷姆長子的育兒房中，他的衣服都收在抽屜裡。那名幼孩很快便去世。第二位受害者是葛雷姆的姪子，在他的表親死後，魔幻櫃放到了他的房間。他在抽屜裡放了自己的衣物，平安無事地度過童年，卻在二十一歲那年遭一名僕人刺殺。

魔幻櫃最後搬進葛雷姆私奔到田納西州居住的女兒凱薩琳．溫切爾的房子。櫃子搬去那裡後不久，她的丈夫約翰．萊恩前往紐奧良找工作，而凱薩琳很快就因病身亡。一個星期後，萊恩因為被船的外舷踏板撞到頭部跟著離世。兩人的女兒伊萊莎及其丈夫約翰．大衛．格雷戈里繼承了這個櫃子。

他們的女兒露易絲用了這個櫃子後，在十歲那年去世。兒媳史黛拉．史東希佛在把她的婚紗收進抽屜裡後兩年內死亡。後來，格雷戈里家的一名親戚梅布爾．路易斯．懷海德搬去跟伊萊莎同住，並跟一個名叫韋爾伯．哈倫的男人結婚。四年後，他們生了一個男嬰切斯特，在他兩週大時，因為衣服被放進抽屜裡過世。韋爾伯幾年後也因為同樣的原因往生。

約翰．大衛．格雷戈里的姊姊露西．格雷戈里為自己兒子埃米特織了一雙手套和一條圍巾當作聖誕禮物，並藏在魔幻櫃其中一個抽屜裡。她的兒子從未收到禮物，因為就在那年十二月，他因為從九公尺高的貨車棧橋摔落身亡。

這個詛咒繼續對伊萊莎的人生造成嚴重的後果。她女兒奈莉．格雷戈里在婚禮結束後，把婚紗收在其中一個抽屜中，她的丈夫很快便離她而去，接著約翰．大衛．格雷戈里也過世。之後伊萊莎自殺了，間接成為該詛咒的受害者。

後來這個櫃子歸伊萊莎的孫女薇吉尼亞．凱瑞．哈德森所有，因為姻親關係成為傑瑞麥．葛雷姆的玄孫女。哈德森是這個故事的關鍵人物，也是魔幻櫃廣為人知的原因。正是她將發生在自己親戚身上一連串不幸的故事寫下來，而他們不過是想有個地方放衣服。根據哈德森的說法，她小時候從她祖母，也就是悲慘的伊萊莎那兒聽說了這個故事，並在看見好幾名親戚遭受傷痛時目睹詛咒應驗。

哈德森的第一個孩子是早產兒，在她把嬰兒的衣物收進櫃後去世。第二個女兒安在衣物被放進櫃裡後，罹患小兒麻痺，終生都受其症狀所苦。哈德森的三女兒（也叫薇吉妮亞）的丈夫韋爾伯·布里斯特在妻子的婚紗放進櫃裡後，在闌尾切除術期間死於乙醚過量。一名鄰居把自己的狩獵服裝放進櫃裡後，在一次槍枝走火意外中喪生。而哈德森的兒子也在衣服放進櫃中後，手在學校被刀刺傷。

哈德森向家裡一個傭人莎莉求助，莎莉知道該怎麼擺脫這種詛咒，並把確切的方法告訴哈德森。首先，她指示哈德森找來一隻死貓頭鷹，儘管那隻貓頭鷹是在她尚未要求的情況下得到的。幸運的是，先前就有人送過哈德森一隻貓頭鷹標本。另一個素材則是朋友種植的柳樹葉，因為據莎莉說：「柳樹代表悲傷。」還好哈德森也知道那裡可以找到柳樹葉。她開車去到那棵樹的所在地，從樹枝上摘下十六片葉子，每一片各代表受到詛咒影響的家族成員，還多摘幾片以防萬一。

她把貓頭鷹放在爐子上，在其玻璃眼珠的注視下，將柳葉放在黑色的鍋子裡煮沸，從黎明燉煮到日落。之後，她把調和物裝在一個罐子裡，然後埋在紫丁香叢下面（莎莉說：「花表示愛與諾言」），罐子的把手朝東，因為據莎莉表示：「太陽從東方升起，而惡魔討厭亮光。」

莎莉告訴哈德森，如果家中有人在花叢的葉子掉落前死亡，就代表詛咒被破解了。莎莉在幾個月後去世。

哈德森後來成為《紐約時報》的暢銷作家，著有關於二十世紀早期美國南方生活的散文及書信。本章出現的所有引文都出自她的著作《胡話、信任與服從》（*Flapdoodle, Trust & Obey*）中的散文〈媽媽與魔幻櫃的故事〉。但該書直到一九五四年她過世後，她的女兒薇吉妮亞・梅恩決定公開書稿才終於問世。

但儘管梅恩公開了她母親的手稿，卻仍對母親受詛咒的魔幻櫃閉口不談。她把櫃子放在閣樓裡好幾十年，確保裡面不會放進任何衣物。

一九七六年，當梅恩決定將魔幻櫃捐給法蘭克福的肯塔基歷史博物館時，魔幻櫃終於脫離這個家族。二〇一七年，她出版了《魔幻櫃：來自老家肯塔基的詛咒家族》（*The Conjured Chest: A Cursed Family in Old Kentucky*）。在書中，梅恩解釋她的母親為所有家族成員用了化名，並列出魔幻櫃所有受害者的真實姓名及關係，也就是我在上述提到的那些。

迄今為止，魔幻櫃由肯塔基歷史博物館所有，但很少展出。最初用來解除魔咒的貓頭鷹羽毛仍放在上層的抽屜中。

魔幻櫃展現了使詛咒物特別危險的要素，也就是當一個物品十分普遍且極具實用性時，才是最有害的。因為不管你的家族遭逢多慘重的厄運，你很可能永遠不會懷疑是抽屜櫃惹的禍。

IV

被詛咒的石頭

如果真的想讓一個詛咒物流傳後世，可以試試看對一顆石頭下咒，就像是讓詛咒變成化石一樣。此單元包含能召喚半人怪物的石像、使一整座城市毀滅的巨石、對所有觸碰者造成傷害的石柱，甚至一些受到詛咒的寶石。這些詛咒物曾導致可怕的死亡事件、憤怒的市議會、大學生惡作劇、車禍以及納粹入侵。隨著詛咒會在未來數十年甚至好幾世紀持續運作，一切不過才剛剛開始。

小曼尼與爹地的角

The Little Mannie with His Daddy's Horns

原產地：西非
材質：霏細岩
發現時期：一九六〇年代
當前地點：英國曼徹斯特郡曼徹斯特博物館

有時候我們會幫恐怖的事物取一個蠢名字使其變得沒那麼可怕。有時有用，有時卻適得其反。容我為各位介紹小曼尼，這個特別的詛咒物情形如何就留給各位自行判斷。

小曼尼是一個約七公分高的球形雕刻石像。從正面看，他就像一個大頭小子，禿頭、粗眉、有著大鼻孔，從沒有腳的矮小身軀長出塊狀的手臂或者翅膀。從側面看，可發現他的頭側

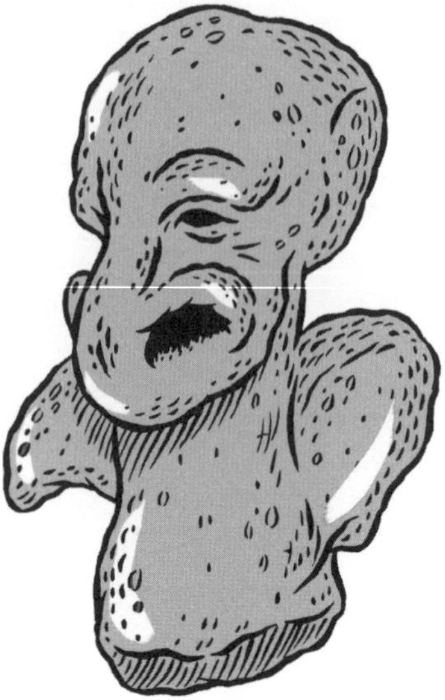

面呈現些微弧形，有人形容那是角。從這個角度看來，他的鼻子更似鼻子，因此看起來很像公羊頭，讓他的外表蒙上一層神祕的色彩，這可能是他全名的靈感來源：小曼尼與爹地的角（我猜「曼尼」代表曼徹斯特，也就是他今日的所在位置）。

在英國曼徹斯特大學的曼徹斯特博物館工作的約翰・布拉格在其二〇一五年由凱里・霍爾布魯克和娜塔莉・阿米蒂奇編輯發行的《魔法的要點》（*The Materiality of Magic*）一書中首次詳細介紹該物。據他所述，小曼尼是在一九六〇年代被一位名叫露西・希利的清潔人員在英國霍林伍茲村的紳士俱樂部地底發現。當她在那棟十七世紀的建築地下室大力刷洗地板時，挖出一個小石塊。石像最初身上塗著綠漆，但因為她對清潔的執著，便把上面的漆洗掉了。希利決定把石像留下來。

發現石像的事在村裡傳開後，一名當地歷史教授東尼・沃德和他的朋友佩特・艾利森私下去到現場挖掘。他們發現一種由排列器物形成的儀式。一圈蠟燭圍著雞和兔子的骨頭，一個象牙製的撞球檯加上看似母親的雕像。這些東西似乎是房子根基的一部分，旨在為這棟建築帶來好運。消息傳開後，小曼尼開始在當地變得出名。

一九七四年，這個物品引起了約翰・布拉格的注意。他當時正在為曼徹斯特博物館舉辦凱爾特石人頭的展覽。凱爾特石人頭是擁有簡單臉孔特徵的小型石塊，似乎出現在歐洲各地曾有凱爾特人居住的地方，尤其是英國。這些石塊通常已有數千年的歷史，發現小曼尼的區域也曾挖出好幾個凱爾特人頭，所以布拉格對該石像十分感興趣。

雖然小曼尼的設計似乎與其他雕刻的凱爾特石人頭不同，但還是被認為設計接近，可列入同一類別，尤其有人假設該石像代表了凱爾特人一個長角的神——動物之王科爾努諾斯。

布拉格試圖跟希利買下這個石像，但她多年來都不願出售。到了一九八〇年代中葉，布拉格終於如願以償買到石像，因為希利家需要錢去度假，而且自從她把石像帶回家後，他們似乎遭遇了一連串不幸。

小曼尼抵達博物館後，博物館職員也開始遭逢厄運。擁有連續十八年完美駕駛紀錄的職員，在為小曼尼拍照存檔後，連續兩晚都發生擦撞意外。一位館長在嘲笑他後折斷了拇指，還有一名展場人員割傷了頭部。多年來，各種細微傷病縈繞在小曼尼周圍，直到其惡名傳遍整個博物館，讓很多職員決定跟這個石像保持距離。起初，博物館的地質學家甚至不願為石像檢查以確定其材質。

業餘挖掘隊之一的佩特・艾利森曾去到博物館參觀石像。在聽說所有可能由它引起的一連串危害後，她把石像放在腿上撫摸，並拔下自己的幾根頭髮纏在小曼尼身上，以抵銷它的力量。或使它開心，減少惡作劇的可能。

一天晚上，布拉格把小曼尼帶回家，為了將其帶到倫敦拜訪某個材料鑑定專家。當晚就有人打破布拉格的車窗，隔天早晨，在前往倫敦的火車廁所裡，他發現褲子的拉鍊壞了，不得不用安全別針把褲襠別起來。一九九一年七月二日，《太陽報》以「小曼尼不輕易上當：詛咒老闆的拉鍊壞掉」為題報導此一事件。標題字體呈現不祥的液體滴落狀。

同年，在小曼尼首次公開展覽期間，一名非洲文物專家為小曼尼進行檢驗，告訴博物館職員該石像毫無疑問是來自獅子山的諾莫里像。諾莫里是來自古代一個未命名的已滅亡文明雕刻石像，通常在該地區的地底或洞穴中被發現。獅子山的曼德人如今利用這種石像守護他們的家園，將其埋在地底以祈禱莊稼豐收。所以諾莫里是帶來好運的護身符，與詛咒物恰好相反。

把諾莫里像的照片和小曼尼的影像進行比對後，似乎無法反駁這個理論，尤其將兩者與凱爾特人頭比照後更是如此。小曼尼看起來就像這些非洲小石像經過風化毀壞後的樣子。雕刻出小曼尼的石塊檢驗完成後，發現其材質是霏細岩，在英國和西非產量很多。

至於一個諾莫里像是如何從六千四百多公里外千里迢迢來到這裡，又被埋在一棟老屋下方，有幾個理論。但全都可歸結為各式各樣的貿易所致。我的意思是，這裡是英格蘭——他們一直在洗劫世界各地的文物。但這也可以解釋如果一個幸運符遠離家鄉埋在陌生的土地上，就可能帶來厄運。

至於為什麼會埋在那裡，四周又為什麼圍繞著雞骨頭和象牙，原因實在難以想像，或許將永遠成謎。

現在，你可以在曼徹斯特博物館探索館中找到小曼尼。只要你靠近一點，就能看見佩特·艾利森的頭髮仍纏繞在他身上，這麼做是否能安撫他還有待查證。

詛咒石

The Cursing Stone

藝術家：戈登・楊（Gordon Young）、安迪・奧特曼（Andy Altmann）
設置年份：二〇〇三年
銘文出自：格拉斯哥大主教加文・鄧巴（Gavin Dunbar）
當前地點：英國卡萊爾鎮

英國卡萊爾鎮詛咒石的故事應該不複雜。這是一顆刻有咒語的石頭，聽起來還滿符合詛咒物的，對吧？但實際上這是一個奇怪的故事，橫亙遠古和現代，紮根於歷史、藝術、悲劇以及迷信，而且比本書其他章節更能說明詛咒物的概念對富有想像力的人類來說影響多麼深遠。

故事始於歐洲中世紀晚期，英格蘭和蘇格蘭之間不斷交戰形成一個邊界區，讓住在英格蘭和蘇格蘭邊界的農民難以生存。這些農民於是將犁打造成刀劍，成為邊境掠奪者。這群邊境掠奪者因暴力而誕生，且製造出更多暴力事件；他們穿上輕甲，拿起長矛、弓箭和盾牌，騎上馬匹，不論是蘇格蘭人還是英格蘭人都是他們打劫的對象。事態變得如此嚴重，英格蘭人傳言要整修哈德良長城，這個約一千四百年前羅馬帝國建造的防禦工事。

雖然邊境掠奪者的所作所為激怒了很多人，但格拉斯哥大主教加文・鄧巴簡直氣炸了。他在一五二五年針對邊境掠奪者寫下一千零六十九字的詛咒，並在全島的教堂宣讀，以下為詛咒文字片段：

> 我欲譴責，並向世人宣布，無論在光天化日之下，或夜深人靜之時，還是在教會財產土地上，從事上述濫殺無辜、焚燒、偷牛、掠奪財產、竊盜和欺騙等行為者，連帶其關係人、助手、供應商、包庇者和收贓人，包括遭其燒毀及掠奪的貨物，或其中任一部分，加上幫助策劃及支持其惡行之人，必須給予斥責、厭惡、憎恨和譴責，並且將受到強烈的詛咒。

「強烈詛咒」的全文很長，此處沒辦法完整收錄，以下是大綱（篇幅同樣不短）：鄧巴首先詛咒他們身體的每個部位，從頭髮到腳底板，以及身體內外的所有器官。然後他詛咒他們的所有行為——騎馬、站立、喝酒，基本上是每個人都會做的事。緊接著，他詛咒他們的房子和家人，他們擁有的一切，居住的任何地方。接著他用《聖經》裡的每一種詛咒方式詛咒他們，從路西法被逐出天堂到亞當被趕出伊甸園；從亞伯被刺殺到挪亞時期世界被大洪水淹沒；所多瑪與蛾摩拉的罪惡、巴別塔、降臨埃及的瘟疫、猶大的詛咒，還有其他出自《舊約》和《新約聖經》的懲罰。後來他斬斷掠奪者與天堂和所有人跟教會間的關聯，最後，他以將他們所有人和路西法及其爪牙一同扔進火坑作結。現在已很難找到比這更長且更徹底的詛咒了。

但本書並非咒語書，這是一本關於詛咒物的書，而我們就快說到了。最終，英格蘭和蘇格蘭解決了紛爭，邊境掠奪者回到務農本業，並且像美國西部拓荒時代的不法之徒及七大洋的海盜一樣成為傳奇。

時間來到二〇〇一年，為了慶祝嶄新的千禧年，一位名叫戈登．楊的藝術家受到委託，要在英格蘭與蘇格蘭接壤處的卡萊爾鎮設計一個公共藝術。

為了創作這個世紀之交的藝術，楊從消失已久的邊境掠奪者身上得到靈感，不僅因為卡萊爾處於孕育那群人的邊境地區，楊自身的血統也可追溯自這群人。負責將楊的設計打造出來的安迪．奧特曼取來一塊十四噸重的圓形花崗岩，如同衣櫃大小，進行抛光後，把加文．鄧巴的一千零六十九字詛咒中的三百八十三個字刻在石頭表面。然後將石頭置於刻有掠奪者家族姓氏的地板磁磚上——辛普森、尼克松、布萊凱德、拉德克利夫等其他十幾個姓氏。他為這個作品取了個直白的名稱：詛咒石與掠奪大道。這個相對無惡意的藝術品反映了英國史上某個地區一

段有趣的歷史……直到事態一發不可收拾為止。

二〇〇三年，楊的作品被擺在一條連接塔利之屋博物館暨畫廊和卡萊爾城堡主要道路下方的步行隧道中，卡萊爾城堡在首位掠奪者放下大麥拾起弓箭的兩世紀前就已存在。放置一週後，當地的牲畜感染了嚴重的口蹄疫，造成一半牛隻死亡。病牛的屍體被堆起焚燒以阻止傳染病蔓延。工廠緊接著關閉，人們失業。在詛咒石放置不到四年的時間，鄰近的伊甸河氾濫成災，淹沒了數以千計的房屋。當地的足球隊卡萊爾聯足球俱樂部甚至被降級組別。這可是埃及級的瘟疫。

人們開始將怒氣轉向那顆石頭，全因為上面刻有詛咒，就算石頭上只刻有小部分的咒語，而且它不過是一個藝術作品也一樣。我想說的是，它的名字就叫詛咒石。人們需要將自身的悲傷怪罪他人，而戈登．楊設計的石頭藝術就成了最佳目標。甚至有人指控撒旦教者將其當作祭壇。

抱怨與指責的聲音變得越來越普遍，當地議會仔細考慮移動或摧毀詛咒石的可能性。其中一位極具聲量的議會成員吉姆．圖托卻突然過世，享年五十九歲。

但這並非議會沒有移動石頭的原因。他們覺得這麼做花費太高，但他們仍必須有所作為。所以他們在石頭背面刻上《聖經》經文，作為一種破解咒。上面刻的是《腓立比書》四章八到九節。卡萊爾鎮自此便相安無事，或至少人們不再將自身的不幸怪罪在那顆石頭上。

至於戈登．楊對於詛咒事件的反應如何？這位喜愛足球的藝術家在二〇〇五年接受《衛報》的採訪表示：「如果我覺得是我的雕刻影響了卡萊爾聯足的成績，那早在好幾年前我就會自己敲碎它。」

派翠克・漢密爾頓的字紋

The Monogram of Patrick Hamilton

當前地點：蘇格蘭聖安德魯斯鎮聖安德魯斯大學聖薩爾瓦多教堂
紀念：派翠克・漢密爾頓（Patrick Hamilton）的殉難
漢密爾頓卒年：一五二八年

蘇格蘭最老學府中有一座教堂，其巨型拱門外的鵝卵石小徑上嵌著一塊精心製作的石磚字紋。該圖案把P字母向右凸起的部分嵌在H字母左側一豎的上半部。乍看之下，可能會有人把這個嵌在一起的「PH」標誌當作學校的校徽，抑或是學校創辦人或贊助人富豪的姓名縮寫。你可以想像該字紋以昂貴的絲線繡在筆挺的高爾夫球衫上，或者刻在某個金融公司的玻璃門上。

但這個字紋卻是一位聖人的姓名縮寫，被標記在他被焚燒六個小時的殉難地，並且受到了

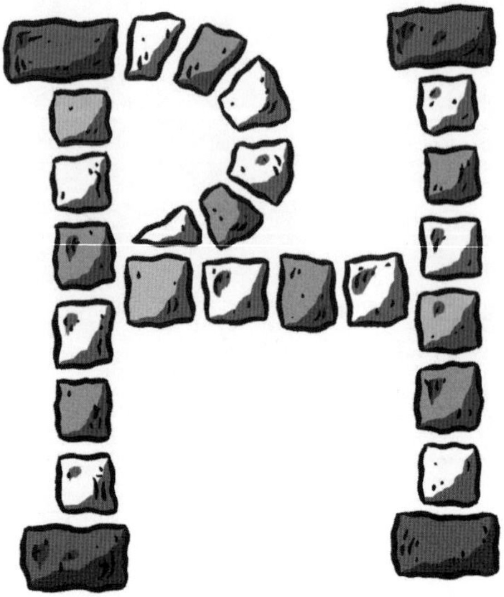

詛咒。

一四一〇年，聖安德魯斯大學於蘇格蘭東岸的聖安德魯斯鎮建校。其悠久的歷史始於歐洲宗教與政治動盪的時期。這所學校的特許狀是由天主教會大分裂時期一位流亡教宗授予的，那時候天主教會同時出現好幾位教宗。

約一個世紀後，由於馬丁．路德將自己的論文釘在德國的一座教堂門上，造成基督徒的聖戰爆發，大大增加聖徒與烈士的人數，使這所大學成為研究學術及自焚殉教的地點。在附近的聖安德魯斯城堡，新教徒被囚禁在臭名昭著的地牢中（一個幽閉垂直的狹小暗室，讓囚犯從天井的小洞進到裡面），只有在最後被絞死或綁上火樁時才得以解脫。

例如，在一五四六年，大衛．比頓下令讓新教傳教士喬治．威夏以被勒斃與焚燒的方式殉教，然後在被報復並遭到殺害後，自己也成為天主教殉教烈士的一員。比頓的屍體被吊在城堡的一扇窗戶外，供整個城鎮觀看，而後被保存在鹽水中。當時顯然並非展現虔誠的好時機。

現在在聖安德魯斯全鎮都設有烈士紀念碑，但在這些紀念物中，位於聖薩爾瓦多教堂前的PH字紋最有不祥之兆。哥德式風格的聖薩爾瓦多教堂建於一四五〇年，至今仍作為校園禮拜堂，在學校官網被稱為「聖安德魯斯大學中世紀的核心」。但在進入教堂前，你必須小心不要踩到嵌在鵝卵石裡的字紋，起碼如果你就讀那所大學的話，就要避免踩到。

「PH」代表派翠克．漢密爾頓，第一個為蘇格蘭新教殉難的烈士。漢密爾頓生於一五〇四年，在前往法國與比利時留學時，深受馬丁．路德的改革吸引。他帶著這些新思想回國，進入聖安德魯斯大學就讀。在當時的天主學校和國家傳播這種觀念使他陷入麻煩，所以他逃到德國躲了幾個月。

後來漢密爾頓回到蘇格蘭結了婚，但並未安頓下來。他持續講道，撰寫關於路德新學說的文章。一五二八年二月，年僅二十四歲的漢密爾頓被帶至詹姆斯．比頓主教（大衛．比頓的叔叔）面前宣判為異教徒，當天便遭到處決。除了格拉斯哥大主教加文．鄧巴外，漢密爾頓的審判無人出席。這位主教在三年前寫下對邊境掠奪者的一千零六十九字詛咒，為戈登．楊設計的詛咒石（參閱第一四四頁）帶來靈感。鄧巴在漢密爾頓的處決文件上簽了字。

那是漫長的一天。劊子手選擇聖薩爾瓦多教堂門外某個位置，把木柴、煤碳和火藥堆成一堆。由於當天颳大風，火焰比平時還難掌握，花了很長一段時間才點燃。結果，這位異教徒的焚燒一直從中午進行到下午六點，漢密爾頓在度過痛苦的六小時後，他們才終於成功點燃火焰，使其解脫。在這六小時中，漢密爾頓說了很多話，包括回應人群對修道士的嘲諷，稱他們為「撒旦的使者」和「邪惡的人」；他也拒絕公開認錯，歷史記載他所說的最後一句話是：「主耶穌啊，請接收我的靈魂。」這也是《使徒行傳》中記錄殉道者司提反在被亂石砸死前的遺言。

與在死前為殺害他的人請求寬恕的司提反不同，據說漢密爾頓臨終前對這所大學下了咒。他實際說了什麼已不可考，但詛咒的真實後果卻廣為人知。這個詛咒有些溫和，特別是在如此慘絕人寰的結局下產生。基本上就是任何就讀聖安德魯斯大學的學生只要踩到今日嵌上「PH」字紋的地磚，期末考就會不及格，沒了。這就是他的詛咒。

但這個詛咒卻成為該校園根深蒂固的文化，就連學校官網歷史悠久的教堂頁面上都有一個特寫照片，顯示一名學生穿著靴子的腳踏過該字紋的影像。然而，考試不及格對學生而言是很嚴重的後果，所幸該傳說對不小心踏到這個烈士殉葬位置的學生還有補救措施。據說如果要破解詛咒，必須倒著繞整個學校跑八圈，可能還要裸奔。還有人說必須參加學校一年一度的五一浸日，學生們會在這天日出時赤身裸體或半裸地潛入寒冷的北海。事實證明想要打破詛咒，脫光就行了——至少在這所大學可以這麼做。

如果你覺得嵌在人行道上的幾個字母沒什麼怪的，那也沒錯。但那是因為我還沒告訴你整個故事最詭異的地方，也可能是詛咒的靈感來源：一張令人毛骨悚然的焦黑臉孔。如果你仰望聖薩爾瓦多教堂側面，就會看到籠罩在派翠克·漢密爾頓死亡地點上方，是一張憤怒、焦黑的臉孔，就印在屋頂的一塊磚瓦上，彷彿被焚燒的樣子。那是教堂在更華麗的天主教時期留下來的裝飾，後來新教徒依自己的喜好將其拆掉。古老的面孔凝視著那場悲劇發生的地點，彷彿派翠克·漢密爾頓的鬼魂正在監督並欣賞他的詛咒之作，又或者他只是對自己的詛咒效果不彰而感到憤怒。

詛咒石柱

The Cursed Pillar

原產地：喬治亞州奧古斯塔市
前身：三根石柱
創建年份：一八三〇年
摧毀年代：一九三五、一九五八、二〇一六年

位於喬治亞州奧古斯塔市第五街和寬街的交接處有一個歷史標誌，你在美國任一州都能看到這種城市的歷史標誌，它們有著特定的色彩搭配，而且通常在路邊。奧古斯塔市的標誌是綠底黃字，敘述一旁的石柱被旅行傳教士詛咒的故事。但你不會在附近看見石柱，那是因為這根石柱的詛咒非常罕見——它詛咒的是它自己。

一八三〇年，該標誌現在的位置開了一個名為下層市場的大型市集，取代去年遭到燒毀的市場。當時，一名傳教士（歷史標誌上把他稱為「流浪戒士」）將其當作即興教堂，宣揚地獄的恐怖和救贖的榮譽。市場裡販賣蔬果、牛羊的小販對其感到不滿，將他驅離該地。但他已經對那個地方下了咒。

當他被驅離時，傳教士在他說教的內容中加上一條咒罵。由於被脅持的聽眾鐵石心腸，他詛咒整個市場會被狂風摧毀，只剩下一根石柱，剛好就是這位流浪戒士身旁的那根。這跟《聖經》中參孫的故事很類似，參孫是一個以色列領袖，被菲利士人俘虜並蒙蔽雙眼，擁有上帝賜予的神力，徒手就能將菲利士神廟的支柱拉倒。一八七八年，該市場真的如歷史標誌所述被「詭異的龍捲風」摧毀，只剩下一根石柱。

一說是下層市場被摧毀後，傳教士才出現，並在這根殘存的石柱旁佈道。至於他詛咒的內容呢？據說是任何拆掉石柱的人，將會遭到天打雷劈。

在故事的第三個版本中，儘管沒有歷史根據，但其實下層市場是一個奴隸市場，該石柱是專門用來鞭打和綑綁奴隸的。最後，一個奴隸使用巫毒教的力量詛咒整個市場，使其毀滅。石柱倖存下來，殘存的詛咒滲透進石頭及沙漿中。

三個版本的故事最後都以一根高聳的石柱留下來結束，它被稱為詛咒石柱，也名鬼柱及殺人石柱。過去這根石柱高三公尺，以混凝土覆蓋的磚塊砌成。我強調「過去」的原因下文會進一步解釋。

多年來，這個詛咒故事的影響範圍越來越大，據說任何碰到石柱的人都會受到詛咒。有公路維修員只因為在石柱附近工作就落入死亡詛咒的陷阱；人們開著滿載拖鏈的皮卡車，帶著對這根石柱滿腔怨恨，在前往拆掉這根柱子的途中車禍身亡。甚至有謠傳該石柱所在的十字路口發生的車禍頻率比較高。

但最慘的還是石柱本身。該石柱被拆除三次，而每一次都與車有關。

第一次拆除是在一九三五年，這起事故留下來的線索不多，但《奧古斯塔紀事報》報導駕駛在車禍中毫髮無傷，石柱卻「縮減成……一堆磚塊和水泥。」

出於某個原因，石柱受到整修，但被移至一旁稍微受到保護的位置。之所以說稍微，是因為在一九五八年的某個十三號星期五，一捆重達二、三百公斤的棉花從一輛路過的卡車上掉下來，再度砸毀石柱。

後來又因為某個原因，讓奧古斯塔市的居民從詛咒中釋放，但石柱又二度整修，這次移得離馬路更遠了。不過，該石柱可能真的受到了詛咒，因為它在二〇一六年十二月被一輛車徹底撞毀。

一輛灰色的福特 Taurus 撞上卡車，直直往詛咒石柱的方向衝去。事故慘象的照片隨即在社交媒體上流傳，一根石柱倒在地上，水泥外層剝落，內部的磚塊散落在人行道上。人們把石柱的碎塊作為紀念品帶回家，設立一個募款網站。總而言之，儘管受到詛咒，人們對石柱的毀壞似乎感到不捨。

一直到我寫這本書的當下，石柱仍未重建，就算有當地團體的承諾，該歷史標誌也還在原地。但詛咒石柱重建的可能性還是很高。

為什麼奧古斯塔市的居民會想持續復活這樣一個神祕又危險的東西？事實真相或許可追溯自一九三一年，市場被拆的十年後，離石柱第一次被毀只有短短數年。當時的市長威廉．詹寧斯聘請媒體推廣這個詛咒。沒錯，這個詛咒一直跟觀光息息相關。這就是為什麼鬼怪之旅總會經過石柱，每天都有店家目睹遊客碰觸石柱，甚至環抱它，甚至有報導稱有人對著這根石柱撒尿。

但我喜歡用不同的方式思考。或許觀光只是掩人耳目的藉口。畢竟這座城市有更多風光的景點，像是美國名人賽的主辦方奧古斯塔高爾夫球俱樂部，高爾夫球史上最重要的錦標賽之一。而且詹姆士．布朗、霍克．霍肯和勞倫斯．費許朋都在這裡出生。

或許奧古斯塔市的居民盡心盡力地重建詛咒石柱是因為他們害怕若是對它置之不理會遭逢厄運。或許這座城市與不幸的距離只有一堆磚瓦和水泥的寬度，他們還是儘早重建為妙。

詛咒石全數歸還

世界各地大多數國家公園裡的岩石都受到詛咒。我說真的。位於愛爾蘭科克郡的布拉尼城堡中的石頭全都受到詛咒，夏威夷群島最大島嶼的夏威夷火山國家公園裡的火山岩與浮岩也是如此。澳洲的烏盧魯—卡達族塔國家公園是巨大沙岩磐石的起源地，眾所皆知的烏盧魯，或稱艾爾斯岩同樣受到詛咒。靠近亞利桑那州霍爾布魯克的化石森林國家公園裡像石頭般的化石木也一樣。上述不過是冰山一角。

問題是，這些詛咒石只有在被當作紀念品從公園帶回家才會被觸發。只要留在遺址中，這些石頭就只是風景的一部分，一旦離開公園，就會為把它們裝進背包的人帶來不幸。

雖然這些故事十分啟人疑竇，聽起來就像公園官方宣傳的心理控制傷害，但其實公園每天都會收到無視警告將石頭帶回家的遊客寄來的包裹。這些包裹通常包含偷來的石頭和致歉信，解釋他們把偷來的石頭帶回家後，厄運便開始降臨。

所以如果下次你去到有著重要石頭的國家公園或遺址，還是去禮品店逛逛吧。

赫克瑟姆石人頭

The Hexham Heads

生產地：英格蘭赫克瑟姆市
當前位置：未知
製造年份：一九五六年
材質：混凝土

在開始前我想先說說這個故事告訴我們的啟示：要小心在自家花園挖到的東西，不然有可能會召喚出狼人。該故事還有第二層寓意：要小心自己在學術上的聲譽，不然可能會被一位建築工人愚弄。

一九七一年，一對年輕的兄弟檔科林和萊斯里・羅伯森在他們位於英格蘭赫克瑟姆市雷德大道三號的自家花園中挖地，挖出了兩顆小小的石人頭；材質粗糙，類似頭骨，約六公分高。兩顆頭的特徵大相逕庭，但似乎有些年代，還有一點嚇人，而且十分古怪。每顆頭都有短短的脖頸，彷彿是從大型文物的頸部被折斷一樣。

然而，挖出石人頭在英國並不罕見。它們被稱為凱爾特石人頭，普遍認為是從其他物品和建築物剝落的裝飾品。這些石人頭可能有數千年的歷史，或更趨於近代。假如羅伯森兄弟檔挖出的是凱爾特石人頭的話，那就什麼事也沒有。或許會被送去給專家鑑定，最後可能會被成為某個博物館的收藏，和在島上發現的小小石雕頭蓋骨放在一起。這兩個石人頭之所以臭名昭著是因為之後發生的事，使它們從假設的凱爾特石人頭搖身一變成了眾所皆知的詛咒物。

根據各報紙的報導，這對兄弟檔把石人頭帶回家中後，隨即有怪事發生。物品會自行在屋內飛來飛去，石人頭似乎會在殘存的脖頸上轉動，隨便勾勒出來的眼睛會隨著羅伯森兄弟游移。這確實是吵鬧鬼在惡作劇。但羅伯森一家的鄰居奈莉．陶德及其兒子布萊恩的生活卻飽受困擾。這家人和羅伯森一家同住於一棟半獨立式的別墅中，也就是說他們兩家各在同一棟住宅的半邊生活，中間隔著同一道牆。在陶德家那邊，會有無形的東西拉扯布萊恩的頭髮，奈莉還目擊到某個半人生物，這件事後來成為赫克瑟姆石人頭受到詛咒的證據，她看到的是一個羊人（半人半羊的生物）。牠以兩隻蹄穿過房子，從門口跑出去，消失在夜色中。現在聽起來可能很可笑，但在深夜目睹這一切，就彷彿任何經典電影的怪物一樣可怕。

對於從後院土壤中挖出的兩個石塊來說，上述的事件確實使事態惡化。消息很快便傳了出去，媒體對這起事件進行報導，遠遠超過當地八卦的範圍，甚至使這件事情變得學術化，但方式很詭異。

安妮・羅斯（Anne Ross）博士是愛丁堡大學一名經驗豐富的學者及考古學家，專注研究凱爾特人的傳統及文物。除了自身的學術研究外，她還對超自然現象有著不科學的迷戀。因此，她既是調查石頭的最佳人選，也是最不適合的。她拿到赫克瑟姆石人頭後，估測這些石人頭出自鐵器時代，大約有兩千年的歷史。

由於她為這些石人頭深深著迷，便把它們帶回家。很快她就發現自己家裡有些地方變得陰涼、出現鬼影，而且門會自行開關。

而後怪事再次發生了。她目擊了一個半人生物，這次是更讓人肅然起敬的狼人，行為就像先前的羊人一樣——竄過她家並消失在屋外，融入夜色中。後來她和家人好幾次都在家裡目擊到這個生物。

一位學者的證詞表示因為需要檢驗赫克瑟姆石人頭，使這件事傳了出去。這次的狀況很特殊，因為煽風點火的恰恰是學者，因此讓事態越演越烈。最終有人出來潑冷水，不過是一名建築工人的證詞。

戴斯蒙・克雷吉是羅伯森一家位於雷德大道三號的住家的前屋主。當赫克瑟姆石人頭的惡名傳到他耳邊時，他站出來承認自己在一九五六年製作了這些粗糙的球狀物。這些石人頭是為了他女兒製作的，他在工作的混凝土公司午休時間雕刻了這些人頭。事實上他做了三個人頭，經由從人頭上取下來的材質進行化驗，結果顯示克雷吉說的是事實，就算他無法完全重現這些人頭以證明他的話。畢竟那已經是二十年前的事了——他並未持續精進雕刻人頭的詭異手法。

但對很多人來說，故事就此結束。赫克瑟姆石人頭的故事很平凡，始於一個住宅花園，被一些迷信的赫克瑟姆居民和熱衷於非科學事件的學者誤導，最後遭喜怒無常的媒體將整個故事鬧得舉國皆知，甚至傳遍全世界。

不過，很多詛咒物的來源都很普通。本書可是介紹了兩張來源不同的詛咒椅呢。但如果製作兩個人臉石雕可能是一時興起，卻在不知不覺間引來半人生物的入侵，或至少感覺到半人生物入侵呢？有時候我們真該為這個故事感到慶幸。

讓整起事件更有趣的是，最終赫克瑟姆石人頭銷聲匿跡了。故事的源頭，伴隨著羅斯博士，包括南安普敦大學、位於泰恩河畔新堡的古物博物館，以及其他研究學者和超自然主義者一起，但最後事件的熱度減退，只剩下這兩顆石人頭的照片和畫像。

但我們知道不管是誰拿到這兩顆石人頭，肯定不會討厭半人生物。而且很可能還有第三顆從未現蹤的赫克瑟姆石人頭。或許它仍埋在雷德大道三號的地底下，等著和另外兩顆頭團聚。誰曉得到時候會發生什麼事。

琥珀宮

The Amber Room

原產地：普魯士
裝置位置：柏林宮、普魯士冬宮、俄羅斯葉卡捷琳娜宮、俄羅斯柯尼斯堡、德國城堡
藝術家：安德荷亞・施盧特（Andreas Schlüter）、戈特弗里德・沃夫朗（Gottfried Wolfram）
預估價值：五億美元
製作年份：一七〇一年
當前位置：未知

大多數人想到琥珀都是以科學的角度而非藝術，琥珀是成為化石的樹脂，能夠捕捉史前時

代的蟲子、蜥蜴和恐龍羽毛並保存下來。但琥珀就像固體的蜂蜜一樣漂亮，被視為次貴重寶石。它是地球上為數不多的有機寶石，和珍珠及象牙一樣。但有一種被琥珀困住的方式更令人感到愉快——就是走進二十世紀的奇觀之一：被詛咒的琥珀宮。

琥珀宮在一七〇一年建於普魯士，由雕塑家安德荷亞・施盧特設計，加上琥珀工匠戈特弗里德・沃夫朗建造而成。這個房間是以宮殿為出發點設計，事實上是專門為柏林的夏洛滕堡宮量身打造，在當時為普魯士王國的首都。然而，不知何時王宮下達了一個行政命令，琥珀宮最後移至柏林宮。

將琥珀宮視為「房間」就像把哈里發塔比做辦公大樓一樣。牆上貼著好幾噸精美加工的琥珀，以金箔為底的琥珀，再鑲上無數顆次貴重寶石和反光鏡。站在這間貼滿琥珀的房間，一旦開燈就彷彿置身於天堂的光芒中。

這樣的房間基本上很值得炫耀，而柏林的官員的確這麼做了。當時俄羅斯的彼得大帝造訪時，問道：「怎麼樣？需要幫你們打仗嗎？」彼得很喜歡這個房間，而普魯士國王腓特烈二世為了感謝彼得助其對抗瑞典（終結波美拉尼亞戰爭），便把琥珀宮贈與他。一七一六年，他們仔細地拆除牆壁，分裝成十八箱，移至聖彼得堡的冬宮重新裝潢。

一七五五年，琥珀宮再次搬遷，這次是由伊莉莎白女皇下令搬到俄羅斯普希金鎮的葉卡捷琳娜宮中。在那裡補上更多琥珀，以擴大房間，直到用了價值超過六噸的琥珀，覆蓋五十五平方公尺面積的鑲板。

接下來有將近兩百年的時間，琥珀宮一直是葉卡捷琳娜宮最璀璨的珍寶。後來納粹軍入侵。一九四一年六月二十二日，希特勒在巴巴羅薩行動派了三百萬名士兵進入蘇聯，琥珀宮成為其入侵的具體目標，德國人希望將這些珍寶歸還其祖國。

俄羅斯人試圖讓納粹軍找不到房間的所在地。他們首先試著把鑲板拆開，但古老的琥珀易碎，他們所擁有的專業知識不足以應付此任務。然後他們想到了一個絕妙的點子：使用壁紙浮貼遮蓋牆面。

但納粹軍一下便識破其劣質的偽裝，很快便將鑲板拆下來。他們還帶來德國的琥珀專家，花不到兩天的時間便把整個房間拆開，分裝成二十七箱，重新在柯尼斯堡組裝。直到戰爭結束，跟其他被德軍搶來的寶物一同在驚慌中撤離。

然後在一九四四年，琥珀宮消失了。沒人知道它最終流落何方。但有幾個論點，總有人試著解開謎團。有人聲稱目睹琥珀宮被裝在威廉古斯塔夫號運輸船上……該船後來被一艘俄羅斯潛艇在巴羅的海用魚雷炸毀，造成多達九千四百人喪生。若是如此，那些閃亮的鑲板最終將變黑，淹沒在任何光源下。

有人說琥珀宮被裝載到火車上，送到德勒斯登外的一個地堡中。還有人指出最終目的地是位於立陶宛的一座瀉湖，或是德國和捷克邊境的銀礦。

有人相信琥珀宮從未從被蘇聯炸成廢墟的柯尼斯堡中倖存。該廢墟在一九六八年被剷平，加里寧格勒中央廣場就建在該遺址上。

自一九四四年起，便陸續有琥珀宮的碎片被人發現，似乎證明了它曾經被成功拆卸撤離的說法。但到最後，仍然沒人知道滿載燦爛光芒的二十七個箱子的下落，但很多人認為它受到了詛咒。

詛咒始於一個名叫阿爾弗雷德．羅德（Alfred Rohde）的男人，他被認為是首位受害者。他是柯尼斯堡博物館的負責人，負責將琥珀宮撤出博物館。在德軍撤離並由蘇聯接管該地後，他一直待在附近。很多人認為他是唯一知道琥珀宮下落的人，因此他曾多次被國家安全委員會調查；然而，有一天他缺席後續的詢問，國家安全委員會這才得知他與妻子前一天晚上突然死於斑疹傷寒。國家安全委員會調查後，發現他的屍體不翼而飛，宣布這對夫婦死亡的醫生也下落不明。

下一個受到詛咒纏身的受害者是俄羅斯的情報人員尤里·古塞夫將軍。顯然，當地媒體一直在報導琥珀宮以及極力尋找它的事蹟，結果發現原來是古塞夫一直向他們洩漏情報。不久後，他便死於車禍。

詛咒的另一名受害者是耶奧格·史坦。他是一名德國士兵和寶藏獵人，曾經前往巴伐利亞的森林尋找琥珀宮的蹤跡。一九八七年，他的屍體在森林內被發現，全身赤裸，身體被手術刀割開。

上述的死亡事件都很神祕，但不一定與超自然現象有關。不過，這不表示琥珀宮並未受到詛咒，可能只是表示這裡說的「詛咒」是一種隱喻。二〇〇四年，一位《富士比》雜誌的記者訪問了當時葉卡捷琳娜宮博物館館長伊凡·薩托夫（Ivan Sautov）博士。當問及與琥珀宮有關的死亡事件時，他表示：「隱藏琥珀宮下落的人可能是某個封閉團體的成員，而任何太靠近他們的人都會死。」

或許是琥珀宮並不想被找到，或許它已厭倦四處遷徙，被人目不轉睛地注視，不想再被媲美作天堂。這是一個由史前樹脂打造成的房間，或許它早就準備好殞落。

俄羅斯似乎也同意這個說法，因為他們最終放棄尋找琥珀宮，為打造一個全新的琥珀宮而努力。新琥珀宮建設計畫始於一九七九年，耗費了一千一百萬美元和二十五年完工。但在二〇〇四年，葉卡捷琳娜宮終於重獲最璀璨的珍寶，而冒牌貨是否延續詛咒還有待觀察。

卡溫格山口的寶藏

The Treasure of Cahuenga Pass

原產地：墨西哥
死亡人數：九人
聚集年份：一八六四年
當前位置：未知
原本價值：二十萬美元

《新約聖經》說：「貪財是萬惡之根」；聲名狼藉先生（Notorious B.I.G.）寫了「錢多，問題也多」這句歌詞，也就是說我們的行動支付帳戶中每一塊錢都受到詛咒，這可能離事實相去不遠，但卡溫格山口的寶藏卻有著確切的死亡人數。

整個傳說的起源似乎來自一個有名的洛杉磯作家賀拉斯．貝爾（Horace Bell）死後出版的回憶錄。他在一九一八年去世，曾挖過金礦、在牧場工作、當律師，並著有關於西部荒野的書。他聲稱自己根據三個不同的來源將卡溫格山口寶藏的故事拼湊出來：軍人亨利．麥爾坎隊長，酒館老闆埃切帕爾，還有一位名叫荷西．柯瑞亞的警察。

故事始於一八六四年的墨西哥，擁有薩波特克血統的貝尼托．胡亞雷斯（Benito Juárez）在內戰結束後，成為時任最後一位臨時總統。當時的法國總統拿破崙三世希望在美國站穩腳跟，得到天主教會的支持，想在墨西哥實現神權統治，便派了奧地利大公馬克西米利安接管墨西哥王國。胡亞雷斯逃過馬克西米利安統領的歐洲軍隊追捕，隨即啟動了從入侵者手中奪回政權的計畫。

胡亞雷斯向墨西哥愛國份子募集資金，獲得超過二十萬美元的戰備基金，以今日的美元換算起來可說是天文數字。四名男子將裝有黃金、鑽石、珍珠和現金的箱子帶到舊金山買槍。其中一人死在半路，為尚未命名的卡溫格山口寶藏第一位受害者。

其他人順利抵達舊金山後，發現其翠綠的山丘全是法國人。他們繞道去到郊區，將寶藏分為六份，每一份都用鹿皮包起來，分別埋在不同的洞穴中。等到情勢安全，三人再回來取出寶藏準備完成任務時，卻發現六包寶藏早已不見蹤影。他們互相爭鬥，結果兩人被殺，導致四人中有三個人死亡。第四個人被捕入獄，但最終謀殺罪不成立。後來他在亞利桑那州的墓碑鎮遭到槍殺，至此四個人全死了。

後來發現，一名當地的牧羊人迪亞哥．莫雷諾目睹了三人將寶藏埋起來的經過，便在他們離開後悄悄上前，將寶藏佔為己有。故事進行到這裡就到了卡溫格山口的部分。由於突然爆富，莫雷諾拋下孤單的夜間牧羊生活，往南前往洛杉磯。途中經過卡溫格山口，那是一條崎嶇的馬車小徑，穿過聖莫尼卡山腳。「卡溫格」是美國原住民的話，意指「小山丘地」。

當時，莫雷諾在一個小旅館過夜。在那裡，他作了個噩夢，要是把寶藏帶回洛杉磯就會死於非命。所以他改變計畫，把包有寶藏的包裹埋在山口南端，並確保之後還能找到它們，便繼續前往天使之城。無論如何，他在洛杉磯罹患不明疾病去世，死在他的朋友傑蘇斯．馬丁尼茲的懷裡。不過，在莫雷諾成為第五位受害者前，他把埋藏寶藏的地點告訴了馬丁尼茲。

馬丁尼茲和他的繼子荷西．柯瑞亞開著一輛卡車前去挖寶。後來馬丁尼茲手拿鐵鍬，癲癇發作死了。到此為止死了六個人。柯瑞亞害怕了起來，逃離了顯然受到詛咒的藏寶地，拯救自己免於成為第七位受害者。

自此，寶藏二十年間無人問津，直到一八八五年，另一名牧羊人被其中一個寶藏包袱絆倒。他對自己的好運喜出望外，跟先前的莫雷諾一樣，他也厭倦了整夜放羊的生活，便拿了包裹，登上一艘船前往西班牙，開始新的人生。船抵達後，他失足跌入海中，帶著他為了不被偷而縫在衣服上的珠寶一起沉入海底。他溺死後，成為第七位受害者。

大約十年後，伴隨他繼父死時含糊的記憶，柯瑞亞打算回去藏寶地點，完成很久以前他與馬丁尼茲開始的事。但就在他出發前，這個免於成為第七名受害者的人遭到自己的繼兄槍殺，成為第八名受害者。

然後時間來到二十世紀，卡溫格山口鋪成了路，成為貫通洛杉磯和聖費爾南多谷的主要道路。此時，卡溫格山口的寶藏已成為傳奇，甚至被製作成CBS廣播劇。一九三九年十一月，一個由採礦專家亨利．瓊斯、機械師華特．康布斯以及他的叔叔發明家恩尼斯．康布斯組成的團隊，帶著恩尼司製作的新型金屬探測器前往尋寶，他們相信寶藏就埋在好萊塢露天劇場的停車場下方。這是件大事。媒體追蹤這群寶藏獵人的每一步，大眾前往圍觀。只要能分一杯羹，當地的監事會准許他們進行挖掘。

該團隊精準地找到他們認為寶藏可能的埋藏地點，就位於柏油路面下方四．二公尺處。除了康布斯叔姪二人，大家都很興奮。由於某種原因——或許是詛咒的緣故，又或者是對他們的設備及發現的審查機制，讓這對叔姪在加州炎熱的停機坪臨陣退縮，帶著金屬探測器離開了。

亨利．瓊斯毫不氣餒，組建了另一支隊伍，其中包括好萊塢特技演員雷．約翰遜和另一名有金屬探測器的發明家法蘭克．胡克斯特拉。後來這群人在還能忍受但依舊炙熱的十一月炎日下開挖，四周圍了很多民眾、採訪人員、攝影師和業餘的尋寶人。他們挖了二十四天，剷開約一百噸的土壤，在卡溫格山口挖了一個二．七公尺寬且十二．八公尺深的大洞。他們本打算繼續挖下去，但在挖到一塊巨石後，意識到任務失敗。

一個月後，瓊斯利用汽車廢氣自殺。他的遺書表示自殺原因是他近日離婚。無論如何，在傳說中他成了第九號受害者——而且是至今為止，卡溫格山口寶藏最後一位受害者。

或許這多虧了監事會拒絕之後的所有尋寶要求，除了一個名叫威廉・博伊爾的男人。他前往當地花一天尋寶，試圖用占卜棒找到寶藏。幸好他空手而歸。如今，卡溫格山口受到詛咒的寶藏仍不見蹤影，大概是埋在柏油下方，詛咒著洛杉磯的交通。

卡溫格山口的寶藏一共奪走九個人的性命，並讓現代的一次尋寶活動敗興而歸。噢，還記得馬克西米利安，篡奪了墨西哥王國的王位致使整起詛咒事件發生的人？他登上王位後不久便遭到處決，導致妻子發瘋。無論受到詛咒與否，我們手握越多財富，碰見的問題就越多。

V
詛咒物事業

一般人遇到詛咒物的自然反應是完全避開；然而，有人不只收集詛咒物，更以此謀生。本單元將介紹四個不同的博物館，各自收集受到詛咒及鬧鬼的物品——全都是由似乎對詛咒免疫的人經營。這些收藏家展示世界上最惡名昭彰的物品，包括一個惡魔娃娃、邪惡的酒櫃、連環殺手的大鍋以及一幅鬧鬼的畫。然後我們會探索網路拍賣的世界，詛咒物將在線上以驚人的速度易主。

安娜貝爾娃娃與華倫夫婦的收藏

Annabelle the Doll and the Warren Collection

原產地：康乃狄克州
著名所有者：艾德和羅琳・華倫
獲得年份：一九六八年
當前位置：康乃狄克州華倫靈異博物館

布娃娃安是二十世紀大眾文化的一員。她是一種設計簡單的娃娃，特徵是紅線做成的頭髮和三角形的鼻子，還有一個叫做布娃娃安迪的哥哥。布娃娃安是童書作者強尼・格魯勒（Johnny Gruelle）所創造的，出了好幾百萬本圖書，發行玩具和周邊商品，還有動畫電影和電視劇。然後她成了有史以來最臭名昭著的鬧鬼娃娃，這全多虧了一對研究超自然現象的夫妻檔，教授普羅大眾如何追逐鬼魂和驅魔。

首先，容我為各位介紹艾德與羅琳．華倫夫婦。艾德與羅琳．華倫參與了很多詭異的事件。艾德的履歷形容自己是「自學的惡魔學專家」，而他的妻子自稱透視者和靈媒。一九四〇年代早期，他們還是十幾歲的時候在康乃狄克州的橋港相遇，大約一年後結婚，致力於定義大眾想像中的現代超自然藍圖，同時創造一個抓鬼媒體帝國，包括小說化、拍攝電影和脫口秀節目。帝國大到他們經手的大部分案件都以他們產生的電影標題為人熟知：《陰宅》、《惡魔謀殺案件》、《鬼屋》、《康乃狄克鬼屋事件》、《厲陰宅》等等。鬼魂、惡魔、狼人和大腳怪全被他們包了，特別是這些專利似乎有利可圖。他們聲稱在其職業生涯中已調查約一萬多例超自然案件。

一九五二年，他們在自己家鄉的康乃狄克州門羅鎮創建研究心靈學的新英格蘭協會。多年來，所有他們經手的詛咒、鬧鬼和被附身的物品都被收藏進華倫靈異博物館，持續在位於門羅的這棟博物館內作惡，只有舉辦活動的時候和受邀的會員得以參觀。一九七〇年代早期，他們將安娜貝爾納入收藏。

安娜貝爾是數以萬計的布娃娃安中的一個，多年來一直作為生日禮物送給孩子們。然而，這個娃娃卻受到了詛咒，或者嚴格說來，是遭到附身。或者說得更確切一點，是被一個非人類的惡靈附身。但由於安娜貝爾的故事實在太有名了，不管她是否受到詛咒，都有必要收錄這本

WARNING
POSITIVELY
DO NOT OPEN

書中。

根據華倫夫婦的說法，該娃娃是一名護理學生唐娜在一九七〇年收到她母親的禮物。唐娜收到娃娃後不久，娃娃似乎會自行開始在她的公寓中走動。當她出門回家後，會發現娃娃不在原來的地方，有時候會出現在完全不同的位置。唐娜有一個室友安琪，還有一個朋友盧當時也在現場，但他們對娃娃怪異的舉動一無所知。

很快「布娃娃安現在在哪？」的小遊戲就升級成留在公寓中的字條，上面的字跡看起來像是小孩的塗鴉。訊息雖簡單卻很嚇人：「幫幫我們」、「幫幫盧」。盧對為何會出現他的名字一頭霧水。

娃娃移動和奇怪的訊息唐娜還能忍受，但當娃娃開始流血後，她聯絡了一個靈媒。靈媒表示這個娃娃體內住著一個名叫安娜貝爾・希金斯（Annabelle Higgins）的女孩。她被人殺害，靈魂留在了現在唐娜公寓所在的地段。

唐娜拿著娃娃，對寄宿在裡面的女孩靈魂感到憐惜。但後來布娃娃安，或者說安娜貝爾的個性開始變得殘暴。一天晚上，盧醒來後，發現娃娃爬到了他的身上，正在試圖勒死他。它柔軟的小手感覺就像鐵棍似的，使他渾身不能動彈。結果他陷入昏厥，但幸運的是隔天早上便甦醒過來。

後來盧被娃娃攻擊，一個看不見的爪子刮過他胸口，把他的衣服劃破了，從胸膛冒出血來。這讓三人相信在娃娃體內的不只是個被人殺害的孩童靈魂，於是他們請來一名叫做赫根的神父，他又打給另一名神父庫克，後者才請來華倫夫婦。

艾德和羅琳診斷該娃娃為惡靈並將其帶回家，他們自身也遇到一些狀況，包括他們開的車在返家途中轉向並熄火，娃娃會漂浮並攻擊博物館內的神職人員。

他們最終將安娜貝爾放進一個玻璃櫃中，並放上：「警告：請勿打開」的標誌。但根據華倫夫婦創建的網站敘述，安娜貝爾最危險的攻擊還在後頭。文章簡單地描述一位到博物館參觀的人在取笑她後，在回家途中死於摩托車事故。

而當然跟許多華倫夫婦經手的案件一樣，安娜貝爾的故事也登上大銀幕。事實上到我撰寫本書為止，已有三部電影上映：二〇一四年的《安娜貝爾》、二〇一七年的《安娜貝爾：造孽》以及二〇一九年的《安娜貝爾回家囉》，安娜貝爾也在電影《厲陰宅》中客串出場。在這些電影中，她並未由外表單蠢、備受喜愛的布娃娃安扮演，而是由一個維多利亞時代的大型古董娃娃代替，這個娃娃的外表似乎更符合其駭人的名聲和恐怖片的氛圍。

雖然安娜貝爾是華倫靈異博物館最有名的收藏，卻不是唯一的詛咒物。類似的娃娃詛咒物例如影子娃娃：由羽毛、骨頭和布製成、身高一百五十二公分的恐怖娃娃，用來詛咒敵人。拍下它的照片，把敵人的姓名寫在照片後，該生物就會出現在對方的夢中，使他們的心臟停止跳動。影子娃娃的故事並未拍成電影，至少目前還沒有。

安娜貝爾和華倫靈異博物館裡所有詛咒物的資料和證據都來自華倫夫婦。關於他們另一面的故事從未在《厲陰宅》系列揭露過，這系列電影中他們被描繪成敏感、謹慎，不反對邪惡力量的人，然而他們在其職業生涯中，常被指控是追逐人群焦點的詐欺犯、騙子和詐騙高手，專門對受情緒困擾的人下手。但在超自然領域中，這樣的指控與政客的性醜聞一樣，不過是小事一樁。

艾德於二〇〇六年過世，就在他八十歲大壽的幾天前。羅琳則在二〇一九年過世，享壽九十三歲，就在我著手撰寫這個章節之前。華倫靈異博物館以及安娜貝爾的最終命運目前還無人知曉。

約翰·扎菲斯超自然博物館

John Zaffis Museum of the Paranormal

自從一九七〇年代早期在床底下看見爺爺的鬼魂後，約翰·札菲斯便開始追逐超自然現象。後來，他通過一條相對直接的路徑進入這個領域。他的叔叔和嬸嬸就是大名鼎鼎的艾德與羅琳·華倫夫婦，調查過上千起超自然案件，包括陰宅、司內德克鬼屋和恩菲爾德騷靈案件。他甚至跟著他們一起調查某些案子。

幾十年來，札菲斯在這個領域發展自己的品牌，寫書、演講與在媒體上亮相。到了某個時期，他開始專注研究詛咒和鬧鬼物品，以至於從二〇一一年到二〇一三年，他在 SyFy 頻道主持自己的超自然實境秀《猛鬼收藏家》（Haunted Collector）。節目中，扮演類似超自然現象清除小隊，把所有詛咒和鬧鬼的東西，從槍枝、珠寶到鬧鬼的醫療器材，還有（當然啦）娃娃從因為擁有這些物品而經歷厄運和靈異現象的人們家裡帶走。

但在開始主持電視節目很久以前，札菲斯把對詛咒和鬧鬼物品的喜愛，體現在他從調查中和聽過他並把東西直接寄給他的人那裡收集來的物品，通常伴隨著一封打字的信，寫著：「這

個給你！」他的收藏量日漸擴大，不得不擺進他在康乃狄克州斯特拉特福的家後面另一棟房屋裡。約翰・札菲斯超自然博物館在二〇〇〇年代早期正式開放，但那是一個私人博物館，只有受到邀請才能進去參觀。本人就曾收到邀請。

走進擺著大部分物件的大廳中，就好似在逛跳蚤市場或古董店。整個房間雜亂無章，一番斟酌之後，還是看不出來分類。房內支架掛著滿滿的面具、珠寶、衣服、畫作、雕像、餐具，當然還有娃娃（多到不行的娃娃）。娃娃的種類繁多，從古董木偶到小丑（多到不行的小丑），再到打扮成聖誕老人的小熊維尼，後者是所有收藏品中少數被收進玻璃櫃的東西之一。我在參觀期間，沒有看見物體漂浮、說話、發光或出現任何可表明這些雜七雜八的物件並非從地下室拿出來參加遺產拍賣的東西。博物館中的物品沒有標示，所有的故事都存在札菲斯的腦海裡。

其中一個故事是關於被他命名為「小丑」的娃娃。小丑娃娃戴著一個紅色的尖帽子，穿著有摺邊的金襯衫，看起來不像給小孩玩的，而是讓人收藏的小丑玩偶。這是一名女性送給朋友的禮物，實際上是聖誕禮物。但當收禮物的人一拆開包裝，她的家中便開始有怪事發生，讓她受不了了。她很快把一切壞事聯想到這個小丑娃娃身上，打電話給送她禮物的朋友，對她大發雷霆。女人承認是她對娃娃下了咒，顯然她愛上了朋友的丈夫，希望這個詛咒娃娃能在這段關係中成為她可利用的一顆棋子。

在他收藏中的另一個詛咒物是一件藍色的老式軍用夾克。這件外套是一個對軍裝憧憬的少女在遺產拍賣上買下來的。當她穿上外套時，就會覺得一陣陰涼，後來她開始做關於軍人的噩夢。這些噩夢使她備受困擾，這名少女便聯繫札菲斯，詢問他意見。他明智的建議她不要再穿那件外套。她同意了，但總會禁不住誘惑，就像被迫穿上那件外套一樣。於是札菲斯把外套帶回他的住處，掛在角落的一個人形模特兒上，旁邊則是一幅小丑的天鵝絨畫（這裡的小丑多到不得了）。

其他物品包括用於神祕儀式的劍，可召喚暗黑靈體；一張會自行移動的舊課桌；一個用於黑魔法儀式、有雙紅眸的黑暗人偶；還有一個被詛咒的復活節裝飾，或許也是我最鍾愛的一個，是由某個穆斯林男人送給一個猶太女人的禮物。

不管這些物品是被詛咒或者鬧鬼，對札菲斯來說都不是大事，雖然他似乎比較喜歡鬧鬼的講法。不可否認，這個名稱更具市場效益。札菲斯通常會根據與該物品相連的「能量」去形容該物品，有時候是一個靈魂的智慧能量，還是缺乏動力的負能量。在他的網站上，他是這麼描述這些物件的：「雖然這些物品沒有被『附身』，能量還是能透過它們散發出來。物體可以將能量鎖在內部或四周，而這通常是某個人將能量注入物品當中的結果。」

倘若在自家擺放一個詛咒物是個錯誤，那麼收集上百個詛咒物肯定是有神祕現象的自虐傾向；然而，根據札菲斯的說法，每個物件都在加入收藏前都會經歷一個束縛儀式。他在與蘿絲瑪麗·艾倫·古利（Rosemary Ellen Guiley）合著的書中提到過這件事，也就是二〇一四年出版的《揮之不去的愛物》（*Haunted by the Things You Love*），這真是一個令人心曠神怡的書名。儀式的主要成分是陽光、海鹽、聖水、禱告詞，有時候還有水晶，所有成分合在一起可以淨化正能量並注入物體當中。

但即使它們經歷所有成聖、巴式殺菌和消毒的過程，為什麼還要特地保留詛咒物呢？札菲斯認為企圖銷毀或丟棄被詛咒和鬧鬼的物品會帶來更大的麻煩，所以他覺得將這些不受約束的詛咒物保存起來是最安全的處理方式。儘管眾所皆知，他會把更頑強的物品埋在地底或深深沉入水底。

何況，要是他摧毀了這些物品，就不會成為猛鬼收藏家了。

祝福之物

宇宙喜歡平衡，所以如果一個物體能受到詛咒也能被賜予祝福就説得通了。世界上有兩種類型的祝福之物。第一個是真正受到祝福的物品，經由神職人員祈福禱告。這些祝福之物通常出現在天主教中，包括耶穌受難像、聖本篤聖牌、聖杯和聖髑。然而，每個宗教或精神信仰體系都有這種類似的概念。無論來源為何，這些祝福之物是為了保護其所有者免受邪靈侵害，甚至是附在詛咒物上的邪靈。

另一種類型則是會帶來好運的物品或幸運符。這類型的祝福之物並非天生（像是兔子腳、馬蹄鐵、四葉草、魔咒袋、金龜子和蟋蟀——實際上種類繁多），或者是我們自身對該物品的親身體驗。也許你在升職的當天在人行道上撿到的幸運一分錢，抑或是你在遇到人生重要的另一半時所穿的幸運外套。

顯然討論祝福之物和幸運符最大的問題是……無聊。或至少不比詛咒物有趣，希望鑽石的故事就是比教皇王冠還令人著迷。

札克・巴甘斯的鬼屋博物館

Zak Bagans's The Haunted Museum

這棟建築以展出鬧鬼、騷靈及詛咒物聞名。一旦進入即表示同意，管理層對看不見的力量造成的任何行為概不負責。

我一走進鬼屋博物館的大廳便看見這個標示牌，一旁擺滿了娃娃、電子蠟燭和古色古香的萬聖節裝飾。空氣中還有很香的氣味。該標語跟我在進來前簽署的聲明內容很相近，導遊也說了同樣的話，並要我們舉起雙手複誦，然後才帶我們進入這棟札克・巴甘斯名下的舊豪宅。

札克・巴甘斯是超自然實境秀《鬼魂歷險記》的主人公，於二〇〇八年在旅遊頻道播出，而在我撰寫這章時，該節目已經播出十九季，且仍在繼續下去，巴甘斯藉此賺進大把鈔票。他用那些錢做了什麼？他在拉斯維加斯購入一棟歷史悠久的房子，將其改建成博物館，擺滿了所有可用錢買到的詭異物品。

鬼屋博物館於二〇一七年十月開張，遊客只有在參加有導遊的觀光團時，得以一睹這棟昏暗典雅的博物館。此次參觀會讓人被博物館毛骨悚然的氣氛吸引，而非其收藏著的那些令人瞠目結舌（和感到反胃）的神祕物品：邪教領袖和殺人犯查爾斯·曼森的骨灰、泰德·邦迪的眼鏡、楚門·卡波提的私人藥瓶、麥可·傑克森逝世房間的椅子，以及莎朗·蒂的婚紗。一個U型房中展示一顆遭砍斷的頭顱，讓觀光團的每個遊客都能單獨觀看。「死亡醫生」捷克·凱沃基安的貨車（行動自殺診所）佔據該博物館一個很大的房間。巴甘斯展示了連環殺手羅伯特·伯德拉沾了血液和糞便的受刑床，一旁則是伯德拉為其受害者拍的照片，房間裡面還有很多詛咒物，相較之下就顯得溫和許多。

博物館有一個裝潢得像舊穀倉的房間（裝有嘎吱作響的地板）專門放臭名昭著的戀屍癖及殺人犯艾德·蓋恩生前擁有的黑色大鍋。人們認為他將該大鍋用於惡劣的用途，只因為他是艾德·蓋恩。他把人皮和人骨製成面具、衣服和家具。大鍋上方有個標語寫著：「艾德·蓋恩被詛咒的大鍋」。導遊告訴我們約有六個跟這個鍋相關的人都死了。

一個被詛咒的人類頭骨（有別於我們在另一個房間看到的十三個頭骨）和一個被詛咒的娃娃共享一個圖書館展覽廳，正如以無生命物品演出的《單身公寓》（The Odd Couple）。該頭骨是巴甘斯在一間古老的礦工飯店進行調查時發現的。據他表示，當他把頭骨帶回家後，頭骨裡顯現一個形體，最後把他趕出屋外；該娃娃穿著一件拖曳的白色洋裝，上面沾有污漬，並且貼上「謀殺娃娃」的標籤。據說是由一個家族捐贈，家族中的曾祖父試圖用獵槍殺掉全家時被自己的兒子殺害。事情就在男人的女兒眼前發生，她當時手裡就拿著這個娃娃。由於站得很近，導致血濺女兒和娃娃身上。

博物館裡還有一個聲名狼藉的聚魔櫃，前面我用了整整一章的介紹它（參閱第一〇五頁），但由於館內駭人聽聞的物品很多，並不是每個東西有很高的曝光率。例如，一個受到詛咒的納粹頭盔跟上百個小擺設一起被擠到架上，頭盔的內襯還保留配戴者在慘死後的頭骨及頭髮斷裂的碎屑。

一個房間裡，圖坦卡門墓旁放了一堆詛咒物。貝拉．洛戈西（Bela Lugosi）的詛咒鏡就掛在牆上，這位演員在一九三一年環球影業發行的同名電影中扮演德古拉。這面鏡子本來的目的是用於神祕儀式，後來卻目睹一個男人遭歹徒謀殺。它一直被黑暗的布簾蓋住，直到導遊要我們排隊一個個看向鏡子才掀開。博物館裡還有《哭泣的男孩》畫作原跡（旁邊還有一幅複本），本書也有介紹（參閱第九十五頁），以及一大幅二〇〇六年電影《沉默之丘》的畫作。在前主人把畫送給巴甘斯後，他其他奇特的收藏全都付之一炬。

館裡還收藏一幅比爾．史通漢（Bill Stoneham）的畫作，他在一九七二年畫出了那幅臭名昭著的《抗拒他的手》（The Hands Resist Him）。這幅令人毛骨悚然的彩繪畫作比巴甘斯的收藏還早出現，畫中是一個男孩和一個巨大的女性人偶站在一扇漆黑的玻璃門前，身後可看見十幾隻手。該畫作先是在展覽上賣出，後來被發現棄置在一棟廢棄建築中，並於二〇〇〇年二月出現在 eBay 網站上，所有者還附上一篇駭人的介紹，控訴畫中人物會四處走動，甚至進入現實世界中。這幅畫在網路上變得十分有名，被冠以「eBay 鬼畫」的稱號，並以一千多美元的價格售出。巴甘斯沒辦法得到畫作原跡，因此委託史通漢為這幅畫畫了前作，叫做《創造他的手》（The Hands Invent Him）。

那次參觀鬼屋博物館的體驗很強烈，我們一個團員在跟一個鬼娃娃（加上頻頻閃爍的燈光與特別吵雜的通靈盒）待在同一個房間一段時間後，便感到頭痛、渾身冒冷汗而脫隊。其他人選擇不要進入房間，在外面等待導覽繼續。於是有人會問：「為什麼要收集那麼多令人不安又（如果該聲明是真的）危險的物品，並開放大眾參觀呢？」館方給出的聲明很官方：「為了向大眾推廣超自然世界，並預防這些物品在公開交流中造成傷害」。我們甚至可以說這跟動物園的概念類似，雖然有兇猛的動物，但仍然開放校外教學的團體參觀。

或許真正的答案可以從我們的導遊在導覽的最後指向一扇門時所說的話：「最後要向各位介紹整間博物館最可怕的地方……禮品店。」

超自然和神祕學的旅行博物館

The Traveling Museum of the Paranormal and Occult

賓州一位少年格雷格・紐柯克（Greg Newkirk）跟朋友闖進一棟廢棄建築尋找鬼魂，卻發現一個冰毒實驗室。丹娜・馬修斯（Dana Matthews）曾參與加拿大早期的超自然實境秀《少女捉鬼隊》（The Girly Ghosthunters）。兩人透過彼此競爭的捉鬼網站認識，最終結成連理，一起開設超自然和神祕學的旅行博物館。一個典型的男孩遇見女孩的愛情故事。

但首先，他們不得不從正職中被解雇。當時紐柯克夫婦兩人都在辛辛那提的一家旅遊初創公司上班，負責編輯網站內容。當他們工作的部門被裁掉後，他們決定創造自己的收入來源，能與他們對超自然現象的熱忱相吻合。他們想利用鬼魂賺取生活費，便收集少許鬧鬼和被詛咒的物品，開始帶著這些東西辦起超自然習俗的巡迴展覽。他們稱其為超自然和神祕學的旅行博物館。隨著人們把家裡和日常生活中符合他們期望或需求的物品寄給他們，博物館的規模也隨之擴大。紐柯克夫婦在Patreon募資平台開設的帳號為博物館募集資金，並獲得巨大成功，如今每天都作為他們口中的「專業怪人」過生活。

這對夫婦甚至在已經很怪的超自然領域中也算是怪胎。比方說，他們推測目前找不到大腳怪的物理性證據是因為這些生物並非是真實存在。他們半開玩笑地表示：「大腳怪是鬼。」一在他們自導自演的紀錄片系列《赫利爾》（Hellier）中，他們追蹤一個匿名消息前往肯塔基州尋找洞穴地精，在一無所獲後，這個未發現生物的真相轉變為幾件小事同時發生造成的……樹林裡的噪音、山洞中的錫罐、來自一本超自然題材舊書中的介紹，組成來自外界某種形式的訊息。就像是反面的簡約法則，當詭異的事情進展不順利時，讓它變怪就好了。

他們對自己博物館中的詛咒和鬧鬼物品有著類似非比尋常的觀念。紐柯克夫婦把這些物件當作室友，有時候甚至是朋友，把東西放在他們位於肯塔基州卡溫頓的家中起居室展示。他們會給它們供品，跟它們說話，並確保它們在前往超自然大會途中感到舒適，這對夫婦會在那裡進行演講，讓人們與這些物品進行互動。他們認為人們不應該跟超自然靈體作對，或者把超自然物品關在玻璃櫃中，以及將其當作恐怖電影的道具。他們認為人們對這些物品的心態應該更加開放，以自己的方式和好奇心與它們進行互動。

或許就是這種滿懷希望與感性的態度，讓他們收藏的物品中沒有任何達到惡名昭彰的程度，像是華倫夫婦的安娜貝爾娃娃（第一七七頁）或札克．巴甘斯的聚魔櫃（第一〇五頁）。但他們還是有收藏一些有趣的東西。

成為博物館吉祥物的是一個高六十公分的暗黑色木雕，叫做噩夢神像，綽號比利——神像

比利。據紐柯克夫婦所述，神像比利就裝在俄亥俄州代頓市一棟房屋下方的麻布袋中，因為那裡的居民常做噩夢，便把神像捐給他們。而顯然噩夢仍未停止。自從入住博物館後，所有接觸過神像比利的人都會產生這種標誌性的影響，包括格雷格，他聲稱他做了個噩夢，暗示他建造一棟與死者溝通的建築。紐柯克夫婦相信該神像來自剛果民主共和國，被一位聖徒用作「超自然電話」與一些神祕的形體交流。

而且，他們表示這個神像很可能救了他們的命。二〇一六年，他們在從超自然大會回家途中收到一條情報，位於馬里蘭州弗倫茲維爾鎮的鄉村公墓有紅眼怪物出沒。那時已經很晚了，而他們決定去看看。在尋找目的地時，他們被一輛載滿乘客的汽車從後面撞了上來。其中一人下了車，他戴著波洛領帶，眼睛佈滿血絲，臉部滿是瘀傷，即使格雷格認為他的傷不嚴重，他還是堅持跟他們交換保險信息。當格雷格回到車上拿出保險卡時，車後一個盒子（他們認為該盒子裡裝著比利）開始震動並發出瘋狂敲打的聲音。格雷格回過頭去看發生什麼事，發現那名臉上有瘀傷的男人開啟他的後車箱，另兩名男人從另一輛車後座下來。格雷格隨即踩下油門，揚長而去。紐柯克夫婦相信如果神像沒有發出聲音，他們可能就遭人搶劫殺害。

另一個並未變得友善的詛咒物是黑鏡。那是一小塊黑色玻璃，鑲在8×10的邊框裡，是一面探知鏡——類似水晶球窺探的做法。他們從一個女人手中拿到這面鏡子，她聲稱她母親買下這面鏡子進行探知儀式，卻迷上了它，導致性格大變。最後她承認這面鏡子擁有邪惡力量，將其藏在衣櫃裡一塊黑色裹屍布下方。她讓她女兒把鏡子捐給紐柯克夫婦經營的博物館。

紐柯克夫婦第一次將鏡子公開展覽時，一名女性看向鏡子表示看見自己腐朽的屍體。另一個人也遇到相同的事。其他人則在注視它發亮的黑色鏡面時，感受到負面的氣氛。另外，有人會看見臉部扭曲或鏡中的倒影自行移動，或是周圍出現黑色的斑點。

回家後，紐柯克夫婦仍然用黑色裹屍布包住鏡子放在壁爐架上。然後黑鏡每晚都會自行把布解開。他們在壁爐架上放了一架動作追蹤攝影機（通常用來狩獵大腳怪的鬼魂），但每天早上記憶卡都會存滿。最後其他物品也開始移動，使他們相信那塊玻璃會吸收並像電池一樣儲存能量，進而影響其他物品。他們決定把鏡子收起來，他們的婚禮照旁也不再有黑色的污點。

超自然和神祕學的旅行博物館還有更多故事奇特的怪東西。把物品寄給紐柯特夫婦的人似乎從來沒減少過，像是用謀殺現場地板製成的通靈版、自行從牆上掉下來的畫，還有很多娃娃。如果你想要看看製造噩夢的神像或是注視一面邪惡的黑鏡，去找他們吧。他們可能會到你家附近的鎮上，帶著一卡車滿滿的詛咒和鬧鬼物品。

eBay上的詛咒

Cursed on eBay

你不用到昏暗的城堡閣樓或消失已久的文明焦土挖寶，尋找詛咒物，只要抓起手機上eBay網站看看即可。任何時候，都會有數十種詛咒物線上拍賣網站出售——娃娃、石頭、珠寶、雕像和惡魔的灰燼，上面全找的到。

我知道。當我著手寫這本書時，我在eBay上買了一個詛咒物。事實上，現代有些惡名昭彰的詛咒物最後來到eBay網站上，像是聚魔櫃（參閱第一〇五頁）和比爾．史通漢在一九七二年的畫《抗拒他的手》（參閱第一九一頁）。

我所購買的詛咒物不像上述物品在網路上很有名，或是十分昂貴。但由於這一年來我一直沉迷在詛咒物的世界，我覺得自己有必要買一個回家。而比起去搶希望鑽石或再一次褻瀆圖坦卡門的墓，eBay似乎是個更安全的選擇。於是我在搜尋欄裡輸入「詛咒物」，發現了無數個奇特的物品。

我發現一個被詛咒的非洲木雕面具（約一九八八年），來自一個「前撒旦主義者與渾沌魔法師」的家，一直近距離觀賞各種黑暗儀式和暴力行為；我在一個被放逐的撒旦主義者的公寓找到一個被詛咒的木製碗架，會讓人們看見幻影，被看不見的人觸摸，並聽到聲音。當然也能平穩地放碗；一個附有「摩爾多瓦〔原文如此〕的護士惡靈」的懷錶；一個被詛咒的佛頭能讓東西消失，使貓摔倒；一個小巧的木盒是賣方祖父的所有物，而他的祖父自殺了。盒裡裝著兩顆西洋棋子，會趁你不注意時調換位置。（起跳價為一千美元，或二十四個月分期付款，每月四十九美元）；受到詛咒的聚魔戒和聚魔胸針，還有娃娃，很多、很多娃娃。

我謹慎地挑選要買的詛咒物，結果很多底價都是三位數起跳。我不打算花太多錢買基本上是宣傳噱頭的東西。事實上，我花了很多時間在 eBay 上尋找完美的詛咒物，導致我的 eBay 頁面開始出現詛咒物的推薦廣告。其中一條標題是：「上 eBay 買詛咒物：我們真的有賣」。

最後，我找到了最好的商品。尺寸和類型都很適合，價錢也很不錯。我買了一個長八公分、高五公分左右的青銅鬥牛犬雕像，起價只有十一美元（加上三．七八美元的運費）。賣家來自北卡羅萊納州，作為賣家她有很多正面的評價，但真正吸引我的是她在 eBay 上寫的商品介紹：

【詛咒物】

此物品很邪惡，請當心。黃銅或青銅鬥牛犬雕像。

收集狗雕像是我父親的嗜好。在他小時候，也就是一九三〇年代，跟一個中國企業買下這個雕像。該企業的老闆不願意割愛，但由於我父親的堅持，那位老闆把它賣給我父親並警告他會對其下咒。他在我父親帶著狗雕像離開時，喃喃地唸著咒語……自此，我們家一生都負擔沉重，沒能在經濟上取得成功，也無法戰勝病魔和家庭糾紛。我必須讓我的家族擺脫這個可怕的詛咒……請幫助我結束一切。買下它，將它送給你的頭號敵人、前夫或任何你想讓他遭遇厄運及悲傷的人，一旦售出概不退款或退貨。我再也不想看見它出現在我面前了。

起價定在十一美元是因為十一是我的幸運號碼，希望這麼做能為我們家翻開嶄新的一頁。

最終我成為唯一的競標者。當我得標後，收到一封電子郵件，通知我等賣方淨化她的房子後，就會寄出詛咒物，並正式將詛咒轉移到我身上。我等待運單號下來。

她真的了解我想聽到什麼，這讓我覺得或許她真正在販售的是一種體驗。當我在僅僅四天後收到盒子時，更進一步加深這個想法（看得出來為什麼她在 eBay 上的評價這麼高）。我收到一個 USPS 優先郵件統一費率的小包裹。她在白色硬紙板的側面，用粉色墨筆寫下更多警語：「願你生於盛世，願你受到掌權者的青睞，願你得償所望。」最後一句話還畫上底線。

當我把期待已久的詛咒物從盒中拿出來時，感到很笨重，讓我覺得這或許是一個紙鎮。我仔細查看那塊沉重的金屬，但在那隻狗身上找不到任何識別的標記，使我更相信她的故事。我最不想看到的就是在它的肚皮上印有「中國製造」或「© 2019」的字樣。

我在三月初拿到這隻狗，把它放在辦公室的架子上。接下來的兩個月，每當我寫這本書時，這隻被詛咒的狗一直從它的位置盯著我，而有時候，我會在寫一句關於遭詛咒物殺害的受害者的句子後停下來，朝它看過去。但一直到四月底，我還是沒發生什麼不好的事。

我決定提高賭注，帶著這隻狗雕像跟我一起去度假。我把它塞進我的後背包，跟家人一起飛到佛羅里達州聖奧古斯丁市玩一個禮拜（是啊，這麼做或許對與我們同航班的旅客而言有點自私）。直到我們放鬆並做了幾天日光浴後，我才把這件事告訴我妻子。「本來我可以整個假期都不知道這件事。」她說。但那次假期玩得很開心。

總體而言，從各方面來說那一年對我來說是非常棒的一年，但讓我有些失望。雖然在我採訪和研究詛咒物之餘，得到一個十一美元加運費的詛咒物做紀念很值得，但一部分的我仍希望這個東西能為我的生活製造一些混亂，讓我不得不把它寄給約漢·札非斯、札克·巴甘斯或是紐柯克夫婦。但誰知道呢？或許就像其他狗一樣，這隻還在習慣新的環境，之後才會真正開始展露本性。

Ⅵ
為什麼沒有受到詛咒？

有人認為詛咒只是人類為了貶低令人反感的物品自然而然傳出的謠言——像是木乃伊、墓地雕像和娃娃；然而，地球上有一些十分令人毛骨悚然的東西完全沒有受到詛咒，包括連環殺手彼得・庫爾滕（Peter Kürten）的頭顱、亞瑟王座的迷你棺材、人皮書、厄運水晶頭骨以及神祕的安提基特拉機械。這些器物的出現並未伴隨著詛咒故事，可能是我們認為詛咒是真實存在的最佳論據。但僅僅因為這些東西沒有受到詛咒，不代表它們就不嚇人。

杜塞道夫吸血鬼的木乃伊頭顱

The Mummified Head of the Düsseldorf Vampire

出生地：德國萊茵河畔米爾海姆
受害人數：未知（庫爾滕被指控九項謀殺和七項謀殺未遂）
生卒年：一八八三年到一九三一年
當前位置：威斯康辛州威斯康辛德爾斯市信不信由你博物館

這是一個被稱為杜塞道夫吸血鬼的連環殺手被砍斷且製成木乃伊的頭顱。若有什麼該受到詛咒，絕對非它莫屬。但其周圍什麼傳說、軼事或聲稱受到詛咒的謠言也沒有，彷彿就連詛咒也不想與之扯上關係。而且這顆頭顱不僅沒受到詛咒，還免費讓人參觀。

彼得・庫爾滕在一八八三年生於德國萊茵河畔米爾海姆。他的成長過程很糟糕，與十二個

兄弟姊妹還有一個酗酒、虐待、亂倫及強姦犯父親擠在同一個房間的屋簷下，不幸的是，庫爾滕後來步上其父的後塵。所有人類會感到反感的行為，庫爾滕都覺得可以接受——縱火、強姦、戀童癖、獸交和謀殺。

庫爾滕其實一直到一九二九年在杜塞道夫才真正開始作案，他大部分的受害者都是婦女和女孩，但其中也有男人。最後，一名受害者僥倖逃脫才告訴當局機構他的住址。庫爾滕仍然躲過他們追捕一段時間，但當他明顯感覺到自己快要逃不了時，他提議自己的妻子檢舉他並領取獎金。黑暗中總有一絲光明。

他被以九項謀殺及七項謀殺未遂正式起訴，儘管他承認自己犯有七十九宗罪行，包括毆打和更多的謀殺案。如果你碰見庫爾滕，會有四分之一的機會倖存，但毫髮無傷逃離的機會微乎其微。

他選擇鎚子作為傷人的武器，但他史杜克式的綽號源自於他對血的迷戀。受害者的血會讓他性慾高漲，所以他會喝下他們的血。謠傳他在斷頭台前的遺言是給監獄醫生的，他說：「我的頭被砍掉後，就算只有一會兒，我還能聽見從砍斷頭的脖子流血的聲音嗎？那將是結束我人生樂趣的榮幸。」

他在一九三〇年被捕，定罪的速度比擦掉手上的髒污還快，並在一九三一年於杜塞道夫處決。但由於他太過殘忍，醫生不得不將他的頭骨切開觀察裡面構造。因為彼得·庫爾滕不可能擁有正常的大腦，肯定長有利齒與眼球，呈現綠色，而且會分泌幾丁質。但是法醫卻分析他的大腦與一般人無異，正如你我的大腦。

而裝著他大腦的頭顱至今仍保存供大眾參觀。想一睹這個文物，不必深挖杜塞道夫警局的法醫檔案，也不需要去盜監獄墓園，只要跟家人一起到威斯康辛德爾斯市度假。

威斯康辛德爾斯市街上有很多賣T恤、紀念品和軟糖的店，而在這樣的一座觀光小鎮中，附近有一棟信不信由你博物館。杜塞爾夫吸血鬼的頭顱就在那裡展覽，在遭冰冷的利刃斬斷九十年後的今日。

要看這顆頭顱，就去吸血鬼展覽館，那裡有一座遭到穿刺的弗拉德三世雕像、一套殺死吸血鬼的裝備以及其他與尖牙相關的有趣收藏。展覽館後方有一個隱藏隧道，牆面用噴漆寫著「博物館的陰暗面」幾個字。進入隧道走上螺旋梯可去到一個小房間，裡面有一個裝滿血的浴缸，浴缸裡還有一個女性人體模特兒演示巴托里．伊莉莎白；一個雕像描繪女巫遭受火刑，該女巫是由天使細麵加上一個英國男術士的胸膛製作；還有就是一個裝在玻璃櫃中的木製斷頭台和彼得．庫爾滕的頭顱。它被掛在一個鉤子上緩慢旋轉。

這顆頭顱看起來像香蕉被剝開皮一樣。頭殼內部兩側都是空的，過去他極其正常（至少在生物學上）的大腦就放在裡面。其脊髓、鼻竇和牙齒也一分為二，從臉上皮膚、鼻孔汗毛到眼睫毛都很好地保存下來。空洞的眼窩呈現黑色的窟窿。該頭顱的樣貌幾乎跟一旁庫爾滕的照片相吻合。

所以，這個令人反感的乾屍肉塊是怎麼來到五大湖州的這個家庭出遊景點呢？二戰後，這顆頭顱成為阿恩．寇威爾的私人收藏，他是一位夏威夷古董商，收集許多酷刑工具——拇指夾、扯舌器和劊子刀。如果要將痛苦加諸於人，他希望能擺在家中客廳，而庫爾滕的頭顱恰好符合這個主題。寇威爾死於一九七九年，他全部的收藏都遭到拍賣。信不信由你博物館買下頭顱，於一九九〇年在威斯康辛德爾斯市的博物館內展覽，就是今日你可看見他在旋轉的地方。

雖然你不會因為近距離參觀而受到詛咒，其畫面卻會終生揮之不去。

米歇爾—黑吉斯水晶頭骨

The Mitchell-Hedges Crystal Skull

來源：十九世紀的歐洲
別稱：厄運頭骨、愛情頭骨
據稱原產地：前哥倫布時期的貝里斯
當前所有者：比爾・霍曼
著名所有者：F・A・米契爾—黑吉斯（F. A. Mitchell-Hedges）、安娜・米契爾—黑吉斯（Anna Mitchell-Hedges）
尺寸：長二十公分、寬十五公分、高十五公分，重約五公斤

這是一個真人尺寸的水晶頭骨，據說是從馬雅神殿的廢墟中挖掘出來。一般認為水晶頭骨

可將死亡光芒聚集在其受害者身上，為印第安納瓊斯系列第一部爛片帶來靈感。它當然應該受到詛咒，但卻沒有。事實上，現在它還有個別稱叫「愛情頭骨」。

弗雷德里克·亞瑟·米契爾—黑吉斯是二十世紀初的英國探險家。他對失落的城市和被遺忘的文明深深著迷，並在中美洲度過大部分的冒險時光。不過，要是談及他的功績，還是有點誇大了。他聲稱他發現了文明搖籃亞特蘭提斯和迄今未知的民族。但與米契爾—黑吉斯相關舉世聞名的故事並非來自他本身，而是他女兒安娜的故事。

據安娜所說，她在一九二〇年代十幾歲時，跟著父親一同去到英屬宏都拉斯前哥倫布時期的城市盧巴坦（現今的貝里斯）考察。在那個古老城市中，安娜在一座祭壇殘骸下發現了水晶頭骨。頭骨寬約十五公分、高十五公分、長二十公分，重約五公斤。除了下巴可拆卸外，其他部位皆是完美的石英晶體。

她的父親對此並未談論太多。他將其命名為厄運頭骨，聲稱該頭骨已有數千年的歷史，為瑪雅時代的祭司用來賦予敵人死亡，沒了。他甚至在最新版本的回憶錄中刪除有關水晶頭骨的篇幅。但在他一九五九年去世後，安娜耗費一生的時間讓這個神祕的水晶頭骨在超自然領域發光發熱。而她成功了——水晶頭骨跟巨石陣一起成為古怪的象徵。

關於該頭骨的起源、目的和力量可信的假設範圍越來越廣。除了米契爾—黑吉斯所說它是聖徒專屬擁有神祕力量的武器外，其他人認為它來自外星球。他們說這顆頭骨來自亞特蘭提

斯，其實是台電腦，為了聖殿騎士團在儀式中使用；它會產生幻覺，預測約翰・甘迺迪被暗殺；還有人說撒旦創造了這個頭骨（這個理論是由撒旦教的創始人安東・拉維本人在參觀頭骨後提出）。但儘管出現這麼多理論，加上米契爾—黑吉斯為它取了一個如此有聯想性的名字，卻沒有出現這個令人毛骨悚然的文物受到詛咒的傳言，但確實有一個刊物試圖為其冠上被詛咒的名號。

《命運》雜誌一九六二年三月發行的一期有一篇標題為「厄運水晶頭骨」的文章，作者是約翰・辛克萊。文章中辛克萊講述了一連串關於頭骨受害者的故事。例如，祖魯族的女巫醫因為嘲笑了水晶頭骨，被在晴空閃現的閃電劈死。還有一個在為其拍照時嘲笑它的攝影師，後來死於車禍意外。然後分別在兩個不同場合有人詆毀該頭骨，遭到心臟衰竭的懲罰。辛克萊還暗示這顆頭骨是米契爾—黑吉斯逝世的原因。厄運頭骨的內心顯然很容易受傷，文章提到米契爾—黑吉斯央求女兒把頭骨跟他的遺體葬在一起，以終止其邪惡的行徑。

然而，文中提到的事件不是假的，就是無法證實。而且即使水晶頭骨一直放在安娜臥房內，她還是活到一百歲是不爭的事實。她甚至直截了當地表示該頭骨不僅沒有被詛咒，還具有治癒作用，而她父親所說這顆頭骨會帶來厄運都只是在開玩笑。後來在開放參觀期間，它被更名為「愛情頭骨」。一個詛咒物不會被稱為愛情頭骨。

自此，水晶頭骨已經接受各種科學測試，專家們也對其分析得出各種結論。但頭骨的檔案最終以具有神祕力量的前哥倫布時期文物而享有聲譽。根據紀錄，F．A．米契爾—黑吉斯在一九四三年九月於一家倫敦拍賣所從一個藝術經銷商賽德尼．伯尼手中以四百英鎊的價格買下它，大多數人相信該頭骨的歷史可追溯自十九世紀，並源自歐洲。

自安娜二〇〇七年去世以來，愛情頭骨就由她的丈夫比爾．霍曼所擁有，兩人在她過世五年前結婚。他保留了安娜在盧巴坦廢墟發現水晶頭骨的故事，藉由偶爾的展覽和電視節目使其爆光。

由於水晶頭骨仍屬於私人收藏品，我們大部分人很難一睹風采。然而，倫敦大英博物館中的美洲區可以找到類似年代及出處的頭骨。就像米契爾—黑吉斯的頭骨一樣，該頭骨也來自拍賣會。由於這顆頭骨廣受歡迎，自一八九七年以來，就一直收藏在大英博物館中，並且持續展出。專家相信該頭骨不只歷史比米契爾－黑吉斯的頭骨還悠久，前者還是水晶頭骨的基礎模型。兩者之間主要的區分在於大英博物館頭骨的雕刻較粗糙，下巴也不可分離。

有趣的是，即使與合法的文物相距甚遠，大英博物館的水晶頭骨仍被保存在美洲區的館藏中。它幾乎被藏在靠近洗手間的一個角落，標語略帶歉意地表示：

水晶頭骨（公元十九世紀末）

最初認為是阿茲特克族的文物，

但最近的研究顯示它來自歐洲。

亞瑟王座的迷你棺材

The Miniature Coffins of Arthur's Seat

原產地：蘇格蘭愛丁堡市亞瑟王座
當前位置：蘇格蘭國立博物館
發現年份：一八三六年
別稱：謀殺人偶

十七個微型木雕棺材，裡面裝有十七個微型木雕屍體。聽起來宛如巫毒娃娃，或是傀儡。也許是某個詛咒儀式的主要道具，準備扔進火堆、埋進地下，或者藏在山穴中，用來詛咒一些錯信施法者、毫無戒心的人；然而，儘管這十七具放在棺材裡的屍體讓人感到毛骨悚然，卻沒有受到詛咒。

它們被稱為小人國棺材、妖精棺材和棺材人偶，所有稱呼聽起來都算正確。每一個木雕棺材材質粗糙，大約七公分長，棺蓋上嵌有一小塊錫作為裝飾；棺蓋可以移動，雖然必須撬開，因為受到小別針和其他金屬固定。每個棺材裡都有一個小巧的木雕人偶，有的是裸體，有的穿著用碎花棉布縫在一起的衣服，有的失去手臂，而且它們的眼睛……全部，都是，張開的。老樣子，很嚇人，卻沒受到詛咒。儘管大部分看上去還是十分神祕。

一八三六年，幾個小男孩在蘇格蘭愛丁堡亞瑟王座的山坡上玩耍。從地質學上看來，亞瑟王座是一座死火山，而在神話中，那裡是亞瑟王卡美洛宮殿可能的遺址之一。這個地方在瑪麗·雪萊的《科學怪人》和朱爾·凡爾納的《地下街》中都曾提到過。實際上是一個很值得冒險、登山和欣賞美景的地方。

這些蘇格蘭男孩只是到處玩耍，可能是想尋找野兔的蹤跡，幾乎不知道自己即將做出讓研究人員和歷史學家困擾兩個世紀的發現。他們中有人移開卡在石縫間的石塊，發現岩石間有個小凹縫。在那個小洞穴中放著十七個微型棺材，八個一排整齊地排成兩列，第十七副棺材則疊在兩排棺材間上方。

以上……就是我們所了解關於這些棺材的大部分事實。直至今日，仍然沒人知道這些迷你棺材真正的目的為何，出現在亞瑟王座的原因，或者是誰製作的。但有一些理論，總會有人提出理論。

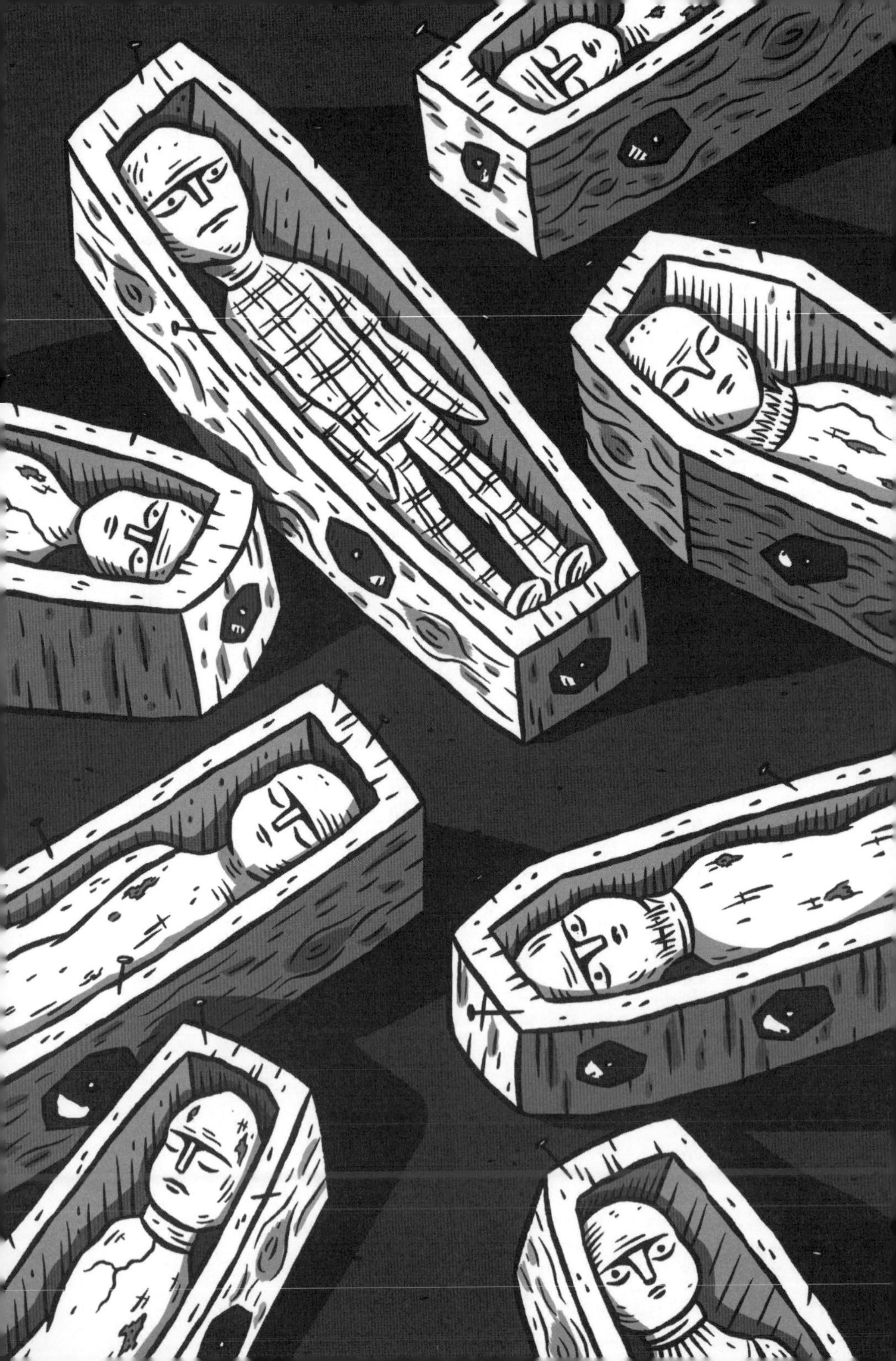

例如，有些人認為這些棺材是為客死異鄉或海上的人們舉辦的象徵性葬禮，借鑒古代薩克遜人或水手的傳統。有人說它們並非詛咒物，而是幸運符，發現棺材的空地是一個迷你倉庫，用於存放庫存以供日後出售。最近的一項理論表示它們是十九世紀初勞工叛亂的象徵。

當然該發現出現後，就興起這些棺材是散佈在山區的巫術或惡魔學工具的理論，也因此它們幾乎被戲稱為詛咒物，可惜這個理論並沒有真的獲得響應。更何況，蘇格蘭已經有自己的巫毒娃娃：泥娃娃（或泥屍）。泥娃娃是由泥土捏成人形，被放在流水下沖刷，在它們解體時對其受害者造成傷害。

最後，一個更有趣的理論出現了。那些男孩剛發現棺材時，理所當然地利用棺材玩耍。他們把這些小玩具拋到空中，或者丟向對方，所有孩子們在野外會玩的把戲。從打鬧中倖存下來的棺材被私人收藏家收購，從公眾視野中消失，直到一九〇一年。那一年，有八個棺材被捐給蘇格蘭國立古物博物館，然後轉移到蘇格蘭國立博物館，在一百年後的今天，仍然可以去到那裡觀賞這些棺材。

一九九〇年代，館方對這些文物進行了詳盡的檢查，研究人員認為這些棺材出自同一人之手（儘管他們不能排除是兩個人），而且雕刻工具很有可能是補鞋匠會使用的。另外，這些人偶似乎是被重新利用，因為並非所有人偶都能放進棺材內（因此有些人偶手臂被截斷），而其睜開的眼睛表示這些人偶並非一開始就被雕成屍體。它們可能本來是士兵，最有趣的一點或許在於，研究人員調查它們身上的織物可追溯自一八三〇年代早期，代表這些腐爛的人偶被發現時幾乎還是全新狀態。

此一發現引發這些迷你棺材與蘇格蘭史上最臭名昭著的事件之一有關的想法，該事件即是伯克和海爾謀殺案。一八二八年，威廉·伯克和威廉·海爾這兩名男子在歷時十個月的期間大肆殺人，不分男女老少都是其受害者，他們的目的是為了將新鮮的屍體賣給英國皇家學院的羅伯特·諾克斯博士。他是愛丁堡的外科醫生，在這個難以尋找合法屍體的時期，利用他們送來的屍體從事解剖。

這起慘絕人寰的謀殺案最終被人揭發，海爾把伯克供了出去，後者因其罪刑被判絞刑，而諷刺的是，他的屍體也被拿來做為解剖用的醫用屍體。今日，他的骨骼和用他皮膚做成的筆記本就在愛丁堡大學解剖博物館展出。當地一家名叫雜役與巫術旅行社的鬼怪旅遊業者也藏有用他皮膚製成的名片盒。這樣就多了三個應該受到詛咒卻安然無恙的物品。

他們送給諾克斯醫生解剖的屍體數量共十七具（具體數量取決於你怎麼計算）。他們取得的第一具屍體是自然死亡，也讓伯克和海爾產生賣屍體的念頭，其他十六個則是遭他們殺害的受害者，如此就成為傳言中那十七副棺材製作出來前的十七具屍體。

這或許代表位於亞瑟王座表面的山洞裡是一個私人墓地，其用途是紀念伯克和海爾摧毀及褻瀆的屍體。也許威廉·海爾因為出賣同伴而僥倖逃過罪責，這個墓地就是由這位愧疚的兇手事後建立的。

至少，這個理論比詛咒有趣多了。

好萊塢魔咒

儘管詛咒物在現實世界中並不常見，卻為大量電影情節提供動力。在許多情況下，這些詛咒物可謂電影中的明星，而非僅僅是道具。

我們幾乎可以隨便講一部恐怖片的名字，那部片裡很可能就有詛咒物。像是《七夜怪談》中的錄影帶，《鬼遮眼》中的鏡子；一九八七年的電影《猛鬼追魂》，帶我們認識被稱做「哀痛之盒」的魔術方塊。《地獄魔咒》中受到詛咒的外套鈕扣，《六度戰慄》中的恐怖遊戲光碟。出現在《屍變》三部曲中的死亡之書，電影《在黑暗中說的鬼故事》中也有另外一本被詛咒的書。《詭屋》中位於小屋地下室裡的每個東西都受到詛咒；還有至今每部木乃伊電影中的木乃伊；《夜霧殺機》中的金色十字架，《克麗絲汀魅力》中一九五八年產的Plymouth Fury汽車。《黑死性高潮》中的樂譜，以及出現在《鬼哭神嚎4》裡的燈。

但恐怖電影並非唯一會出現詛咒物的電影類型。奇幻電影也需要它們的存在。二〇〇三年，《神鬼奇航：鬼盜船魔咒》開啟了專營詛咒船及詛咒寶藏的專利。從二〇〇一年開始，小說改編電影《哈利波特》中便出現許多詛咒物，最有名的是最後兩部《哈利波特：死神的聖物》中的分靈體（雖然你可以說這些物品實際上是遭到附身）。金．凱瑞在一九九四年的電影《摩登大聖》中找到的詛咒面具；印第安納．瓊斯在電影《法櫃奇兵》中尋找的失落的法櫃。《野蠻遊戲》中的棋盤遊戲甚至是後來的電視遊戲。當然還有《魔戒》三部曲中的至尊魔戒，一個可統治所有人的詛咒物。

詹姆斯・艾倫的人皮書

The Skin Book of James Allen

原產地：麻薩諸塞州波士頓市
當前位置：麻薩諸塞州波士頓市波士頓圖書館
創造年份：一八三七年
作者化名：喬治・華頓（George Walton）、喬納斯・皮爾斯（Jonas Pierce）、詹姆斯・H・約克（James H. York）、伯利・格羅夫（Burley Grove）
詹姆斯・艾倫的身分：攔路強盜

我堅信「人皮書」（anthropodermic bibliopegy）一詞的發明是為了讓人們不用解釋「用人類皮膚裝訂書籍」的概念。噢，這個詞之所以發明出來可能就是為了讓人們難以啟齒（實在很難發音）。但用人類皮膚裝訂的書籍並非虛構。人皮書不是出自恐怖小說的產物，也不是瘋狂連環殺手製造出來的概念，而且世界上沒有一本人皮書受到詛咒。

世界各地的圖書館和博物館都可以找到用人類皮膚裝訂的書籍。過去醫生常常用人皮裝訂書。例如，費城的馬特博物館有一套三本書是在一八〇〇年代末，由一個女人瑪莉·林奇的皮膚製成。她死於旋毛蟲病。位於麻州劍橋市的哈佛大學霍頓圖書館保存著另一本人皮書。同樣在一八〇〇年代末，是一本關於死後冥想的法文書，書名為《靈魂的宿命》（*Destinies of the Soul*），用來裝訂的皮膚來自一名死於中風的女性病患，遺體無人認領。用人類的外皮包裝一本關於靈魂的書籍頗有詩意。倫敦的衛爾康圖書館藏有另一本十九世紀製成的典型人皮書，其內容是關於女性的貞節，同樣以一位死後無人認領的女性病患皮膚製成。人們對使用人類皮膚裝訂書籍的興趣在十九世紀達到高峰，此行為可追溯自維多利亞時期對死亡及恐怖事件的迷戀。

比起用醫用屍體皮膚裝訂書籍，更常見的是用犯罪者的皮膚。很多在監獄被處刑的謀殺犯及罪犯的皮膚都被製作成書皮，上一章我們說到謀殺犯威廉·伯克皮膚最後的下落。往南一點，去到倫敦，有一本帳本的書皮是來自約翰·霍伍德的皮膚，他是布里斯托監獄第一個被判絞刑的囚犯。那本書目前就收藏在布里斯托博物館裡。據說一本十七世紀的書，關於亨利·加內特神父，他是耶穌會的神職人員，因暗殺詹姆士一世未遂而被處死——史稱火藥陰謀，就是以他自己的皮膚作為書皮。那本書現為私人收藏（但願他常常洗手）。

或許最著名的人皮書標本是攔路強盜詹姆斯・艾倫的傳記。詹姆斯・艾倫生於一八〇九年左右，他是在波士頓街頭長大的孤兒，第一次入獄是在十五歲那年偷了一匹布，從那時起，他便成了竊賊和攔路強盜。他的口號跟當時大多數攔路強盜差不多：「要錢還是要命。」不過，在一八三三年至三四年的某天，他攔錯了人。艾倫在塞勒姆收費公路搶了一輛車，車主是約翰・芬諾。儘管艾倫拿著兩把手槍對準這位旅人，芬諾卻與他打了起來。於是艾倫開槍射了他，幸運的是，芬諾只被子彈擦傷，艾倫則騎上他的馬，準備改天再繼續他的搶劫大業。

艾倫回到位於波士頓的住所，不知道自己已經成為搶劫未遂的嫌疑犯。之前他幹過好幾次攔路搶劫的勾當都沒被抓；然而，他很快就懷疑警察在調查他，於是便計畫潛逃。就在他準備登上前往西印度島的船上時，當局逮捕了他。

一八三四年二月，艾倫被判有罪，被送去馬薩諸塞州監獄做二十年的勞動服務。在他一次自殺失敗（纏在脖子上的吊帶斷掉，使他失去意識，倒在牢房的地板上）後，他逃獄了，並重回犯罪生活，很快便導致他頭部被一把小刀插入七公分的事故。根據現在用他皮膚包起來的書中所述，他在保護一名婦女不被搶劫而受傷。很快他便再次啷噹入獄。

那時，艾倫得到了肺結核，當時此疾病正在監獄中大肆流行，他那小小的牢床成了他嚥下最後一口氣的地方。芬諾曾去牢裡看他，有些人認為是他激勵艾倫寫下自己的人生故事，以對未來的罪犯起到威攝作用。不管原因為何，艾倫決定撰寫自傳，請獄卒擔任抄寫員。艾倫在死前有兩個願望，首先是希望典獄長將他的傳記抄成兩份，以他自己的皮膚裝訂成書。第二個願望則是將其中一個謄本送給約翰．芬諾。典獄長同意了。

儘管艾倫的傳記在他一八三七年七月十七日過世時仍未完成，但他還是將他人生大部分的篇幅敘述出來，使抄寫員寫下來，當時他還未過三十歲生日。獄卒忠實地呈現他的原話，最後至少有一本書用了艾倫的皮膚裝訂。現在可以在波士頓圖書館看到這本書。

圖書館認為他們館藏的是芬諾擁有的副本，另一本則下落不明，如果真有其書的話。真實存在的詹姆斯．艾倫人皮書是灰白色的，摸起來很軟。封面上有一個黑色標籤，上面有一句燙金字：「Hic liber Waltonis cute compactus est」，翻譯過來的意思就是：「本書是以華頓的皮膚裝訂」（喬治．華頓是艾倫的筆名之一）。除了這句拉丁語外，書中沒有出現任何這是人皮書的提示。

那可能就是這本書最吸引人的特徵：正常的外觀。其實，一本老書要分辨是人皮還是動物皮很難。許多人皮書標本都是如此，有些可能是假的，有些甚至迄今仍未被發現。世界上可能還存在更多的人皮書，偽裝成只是用牛皮或山羊皮製成。

而或許有一天，我們會發現一本受到詛咒的人皮書。

安提基特拉機械

The Antikythera Mechanism

來源：未知
發現位置：愛琴海，近安提基特拉島
年齡：兩千歲
當前位置：希臘雅典國家考古博物館
發現年份：一九〇〇年

當我們把一個物體從古老的沉船中拉出來時，有充分的理由相信那東西可能受到詛咒，因為它至少來自水下某個事故殘骸。但當上述的物體比它應存在的時間還早一千年時，就很令人懷疑了。我說的是安提基特拉機械，但它完全沒有受到詛咒。歷史學家和科學家認為他們知道

安提基特拉機械是什麼，卻因此讓其存在變得更撲朔迷離：這是一台兩千年前的電腦。

一九〇〇年，海綿潛水員在希臘的安提基特拉島海岸邊發現一艘古羅馬船的殘骸。船上載滿了寶藏：青銅和大理石雕像、珠寶以及錢幣。專家相信這艘古船殘骸可追溯自公元前八十至五十年。這是一個驚人的發現，短短數月人們便耗費心力從海底那片熱帶雨林中回收這些沉積物。隨後的幾年，這些東西被全數挖出，乾燥後送到雅典國家考古博物館進行清理、保存和研究。這堆寶藏剩餘的部分很詭異，以致於到一九五一年打撈上岸的五十年後，人們才真正開始對這塊相較起來較無聊的鏽蝕金屬產生興趣。

仔細研究後發現，經過數千年的海水洗禮，在早已腐蝕結殼的構造中，藏著做工精細的金屬齒輪，精密測量的尺寸，還刻有希臘銘文，在在揭露這東西是比先前認為當時所能製造還複雜的東西。事實上，這項技術一直到十四世紀才問世，也就是沉船事故發生後的一千多年才被發明出來——至少根據當時的歷史紀錄看來是如此。

原始狀態下，這個設備只有鞋盒大小，安裝在木框架中，內部的青銅齒輪和面板看起來頗有蒸氣龐克的樣子。後來被打撈起來時該機械已經損壞，斷成三塊，在清洗和分類後分成八十二個零件，令人歎為觀止。

安提基特拉機械的外觀和功能看起來就像一個構造十分複雜的時鐘。除了顯示地球時間，該機械還能告知我們天體時間。指針會指向當時已知的五個行星：水星、金星、火星、木星和土星，再加上太陽和月亮；旋轉的黑色和銀色球體顯示月相，該機械在當時甚至包含了紅色和金色球體分別代表火星和太陽；上面的銘文和小刻度盤會標示恆星、日蝕、月蝕以及日曆。上面還有機械的操作說明。基本上，安提基特拉機械就是一台模擬電腦，可追蹤太空中數億公里外的天體運動，距人類踏上離地球最近的星球大約兩千年前。

這個機械十分獨特，導致它的發現引發了一些極其怪異的理論，沒有一個是跟詛咒有關。例如，有人認為安提基特拉機械是時空旅行的證據，來自地球未來的一位時間旅人不小心將其扔入時間的洪流中，最後落在一艘沉在愛琴海底的羅馬船上；或者是一個外星飛行器，由一個仁慈的先進智慧體留給一群年輕的人類。後者是由艾利希・馮・丹尼肯（Erich von Däniken）在一九六八年的暢銷著作《諸神的戰車》(*Chariots of the Gods*)中提出的理論，來自其他世界的古代太空人利用給予技術以破壞地球基礎文明的進步。

一個比較平淡無奇的理論是安提基特拉機械不過是當時最偉大的數學家之一喜帕恰斯設計的產物。喜帕恰斯可能是古時候最有成就的天文學家。他是第一個能夠精準解釋月亮和太陽運轉模型的希臘人，並且發明觀測天空的各種儀器，後人稱他為三角學之父。這個理論還有一個重點，就是他跟該機械來自同一時代。

如今，在發現安提基特拉機械的一百二十年後，我們對它的了解仍只有最基本的知識。我們不確定是誰製造的，或是它從哪裡來，為什麼會出現在那艘船上，而且也沒找到那個時期製造的類似設備。我們沒有打撈到該機械的每個部分，毫無疑問有些零件仍沉在愛琴海底。奇怪的是，安提基特拉機械並沒有造成任何詛咒的事跡，只有讓人們產生敬畏和好奇，並帶來關於時空旅人和外星生物的瘋狂理論。

現在，這八十二件令人敬畏的古代機械零件全都在雅典國家考古博物館展覽，你可以去那裡碰碰運氣，測試是否會受到詛咒。

VII
機械的詛咒

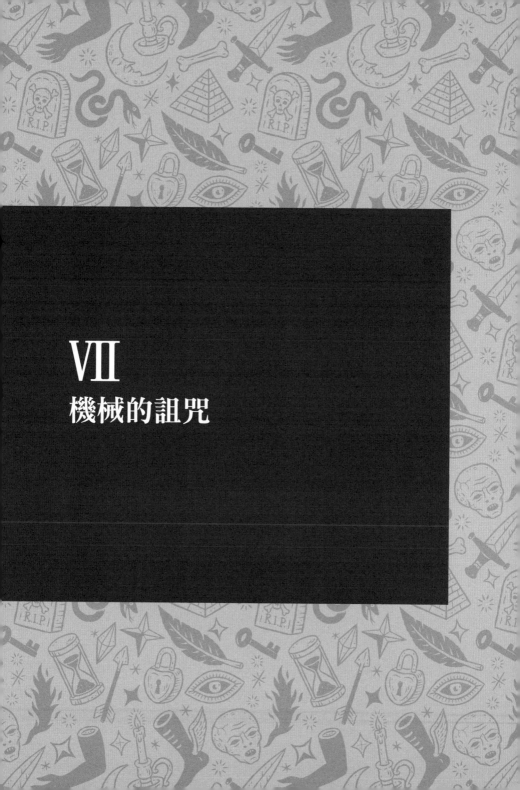

有時候我們會把詛咒物視為來自黑暗及被塵封的遠古文物，一種文化古董，或者說人類學的遺物，從一個更迷信的年代遺留下來的古物。現在人類思想已高度開明，不斷進化，並且對科技癡迷，崇尚數位化。現代的世界中已然沒有詛咒物的一席之地——是這樣嗎？在本單元中，我們將介紹一個時鐘、一輛汽車、一組電話號碼、唱片以及電玩遊戲，甚至還有連環信。科技也能像神祕符石或古老偶像一樣受到詛咒。隨著我們進入一個更加虛擬的未來，我們會慢慢學到幾乎所有東西都能數位化……包括詛咒物。

布拉格天文鐘

The Prague Orloj

原產地：捷克共和國布拉格
製作年分：一四一〇年
創造者：卡丹的米庫拉什（Mikuláš）、楊・辛德爾（Jan Sindel）
當前位置：捷克共和國布拉格舊市政廳

科技被詛咒的先例可能在六百年前一個現在被稱為布拉格的地方製作。布拉格天文鐘是一個華麗的巨大中世紀機械，就掛在捷克共和國的布拉格老城廣場舊市政廳的石塔側面。

布拉格天文鐘是人類成就的光榮紀念碑，從宗教、科學到藝術領域。其熠熠生輝的錶盤顯示了古波希米亞時間、巴比倫時間、歐洲中部時間和恆星時間。它遵循黃道帶、日曆以及太陽、月亮和星星的位置。布拉格鐘每小時報時一次，隨著樂音響起，其窗口會跑出十二使徒木雕的行進隊伍，每個雕塑都拿著各自殉難的器具：被砍頭的聖馬提亞提著一把斧頭、身體被一分為二的聖西門拿著一把鋸子、被剝皮的聖巴羅多買拿著剝皮刀等等。同時，在天文鐘外部的雕塑也栩栩如生：一隻金色公雞以及代表罪惡和美德的點頭人偶，其中包括天使、天文學家、哲學家、愛虛榮的人和守財奴。時鐘上歷史最久的雕塑是一具骷髏，可追溯自十五世紀晚期，有時候它會被稱為「敲響者」和「搖鈴者」或捷克語的「Kostlivec」（意指骷髏）。這個雕塑代表死亡，一手轉動沙漏，另一手拉鈴，一邊睿智的點著頭。

當你拿著淋上花生醬的肉桂捲，穿過老城廣場時，絕對會不由自主地抬頭看向那座時鐘。而在鐘鳴笛報時之際，你將完全動彈不得，因為你會跟人們一起肩並著肩、帶著敬畏凝視天文鐘的錶盤。或許你會聽到鐘錶匠雀躍的歡呼聲或導遊說明時鐘的各種功能，但你可能不會聽到導遊對他的團員介紹天文鐘的設計師被挖去雙眼，這座鐘還幫助納粹摧毀世界。

布拉格天文鐘的製作時間約在一四一〇年，最初的構造比現在要簡單得多。幾世紀以來，天文鐘逐漸增加許多雕塑及裝飾。令人驚訝的是，時鐘有些部分仍維持原始的結構，其中有很多裝飾已經存在數百年。天文鐘最初是由一位鐘錶師傅卡丹的米庫拉什和牧師暨天文學家的楊．辛德爾設計製作，辛德爾的興趣是神學和天文。就在天文鐘揭幕之祭，詛咒的齒輪便開始轉動了。

10
11

根據故事所述，該城市的領袖對這個藝術集結科學的壯舉非常喜愛，因此下令用撥火棍挖出鐘匠的眼睛，如此他就沒辦法在別的城市複製同樣的時鐘。為了報復，鐘匠請人帶他到天文鐘內部的機械室，以便他進行破壞（有人說他自己跳進齒輪中），詛咒時鐘，甚至是整個城市；然而，每當講起這個起源故事，都不會提到鐘匠的名字米庫拉什和辛德爾，反而引述（並完全指向）一個名叫漢努斯・卡羅林（Hanus Carolinum）的工匠。卡羅林的確負責過這個時鐘，不過是在一四九〇年代，在時鐘安裝後已過了好幾代。但等到發現錯誤時，天文鐘受到詛咒的故事已深植人心。

至於詛咒的後果，根據敘述者不同有所變化。有人說如果任何人維修時鐘或干擾時鐘運轉，就會發瘋或身亡；還有人說如果時鐘停止轉動，厄運就會降臨這座城市。另一個版本則給了這座城市緩衝的機會，表示如果時鐘暫停的時間過長，城市將受到重創。

我不知道鐘匠發瘋的事情發生是否為真，但幾個世紀以來，這座天文鐘一直走走停停。該機械運作的原理十分複雜，一直出於各種原因進行維修和修復，一次是因為被炸彈打中（待會我們會說到）。但布拉格市民一直維修它，使其變得更好也更漂亮，這也是為什麼它是今日唯一仍在運作的中世紀機械鐘。

但這座天文鐘還有其他謎團。例如，每天第一聲鳴笛會將夜晚出沒的妖精和鬼怪趕跑，另一個神話則是如果詛咒應驗了，唯一可避免的方法就是在「敲響者」停止點頭前，讓一個在元旦出生的男孩從教堂跑到時鐘的位置。

那麼，布拉格市民是否曾因為這座被詛咒的時鐘遭逢厄運？或許吧。納粹入侵算嗎？有人說納粹在一九三九年佔領布拉格是因為天文鐘停止運轉的緣故，希特勒佔領該國（當時為捷克斯洛伐克）時，就曾在布拉格城堡過夜。他肯定欣賞著天文鐘的美，驚嘆於這座失竊的寶藏。

更有人說一直到一九四五年五月的布拉格起義時，天文鐘的詛咒才爆發它的威力。二戰期間，捷克斯洛伐克在蘇聯的支持下抵抗德軍，試圖將自己從德國魔爪中解救出來。對抗持續了三天後，舊市政廳被先前提到的炸彈轟炸得面目全非，天文鐘也一樣。據說天文鐘被炸毀的那一刻，捷克斯洛伐克開始占下風，讓德軍得以苟延殘喘，最後在蘇聯援軍抵達後才被逐出布拉格。不過，仍有一千七百名捷克斯洛伐克人在那場戰爭中喪生。

時至今日，經過二〇一八年長達九個月的翻新，天文鐘已回復到最初的狀態，顏色恢復原來的色調，金屬齒輪也替換成木齒輪。現在座落在舊市廳為其帶來更多中世紀的樣貌，還加裝了現代防鳥網和窗台尖刺。因為對待一個巨大的詛咒時鐘還是小心為妙。

匈牙利自殺之歌

The Hungarian Suicide Song

作曲家：萊索・塞萊什（Rezs Seress）
著名演出者：保羅・羅伯遜（Paul Robeson）、比莉・哈樂黛（Billie Holiday）、瑞奇・尼爾森（Ricky Nelson）、莎拉・麥克勞克蘭（Sarah McLachlan）、辛妮・歐康諾（Sinead O'Connor）、莎拉・布萊曼（Sarah Brightma）
作詞家：拉茲洛・賈沃爾（László Jávor）
出版年份：一九三三年

歌曲當然不能比做科技，也並非我們印象中的物品。歌曲是一門藝術、一種表達，也是空氣中的一連串振動。但傳播歌曲的方式（不論是透過麥克風的金屬網，或是音訊檔案）通常需要科技。而當一首歌大量生產並經由收音機、網路和電視廣泛傳播時，就會需要一整個複雜的科技網絡。該技術的好處在於可幫助音樂家的歌曲吸引更多聽眾，而在某首歌傳播範圍擴大到導致聽眾自殺後，不利的一面便出現了。能夠大量生產且購買的詛咒物是件恐怖的事情。

萊索・塞萊什是一個很有才華的人。他是來自匈牙利布達佩斯的鋼琴家，能用單手彈鋼琴；他也會作曲，譜出來的曲子舉世聞名；他同時還是一位空中飛人，我的媽呀！但他的生活過得很艱難，大部分時間都很貧困，在二戰期間，他長期跟家人一起住在納粹集中營裡。他的母親最終死在那裡，但他的憂鬱比希特勒開始污染世界還早。

事實上他出了一首暢銷歌曲。一九三二年，他在巴黎創作了一首鋼琴C小調，歌名為〈世界末日〉（**Vége a világnak**）。這首悲傷小調的內容是關於戰爭的恐怖及人類未知的未來。大約一年後他出版了這首歌。或許是因為大蕭條或世界大戰迫在眉睫的緣故，似乎很受人們的歡迎。而在他的一個朋友將其變成暢銷歌曲後，人們就更喜歡了。

他的朋友匈牙利詩人拉茲洛・賈沃爾改寫了塞萊什的歌詞，使其變得更有個性，從而讓這首歌更引人關注。最近剛分手帶來的靈感，促使賈沃爾寫下這首歌，講述了愛人的逝世，以及歌曲敘述者對死亡的渴望。這首歌包含了令人毛骨悚然和引起回憶的詞語，至少翻譯過來的版本是：「我生活在無盡的陰影中」、「悲痛的黑色靈車將妳帶走」和「我在死亡中愛撫妳」。最新版本的歌名叫做〈悲傷星期天〉（Sad Sunday）。

這首歌傳到美國後，作詞家山姆．M．路易斯將其改造一番，〈悲傷星期天〉變成了〈憂鬱星期天〉（Gloomy Sunday），很多人都翻唱過，從一九三六年的保羅．羅伯遜到一九四一年的比莉．哈樂黛。儘管這麼多詮釋的版本都是以〈憂鬱星期天〉為歌名發行，塞萊什署名的作品卻開始在匈牙利被稱為自殺之歌。這是因為這首歌造成多起死亡案件，導致俱樂部和電台禁止播放。表面看來是這樣啦。

在一九三〇年代後期，匈牙利和美國有大約二十個自殺案件與這首歌有些微的關聯。傳聞自殺者的遺書中都提及這首歌，他們的屍體被發現時，一旁的留聲機也正播放這首歌，受害者冰冷僵硬的手裡緊緊抓著其樂譜。

但這首歌受到詛咒的想法是來自二戰期間BBC禁止電台播放比莉．哈樂黛的翻唱版本。禁止的原因並非因為這首歌會導致自殺，而是在打仗期間，這首歌實在是太令人沮喪，會產生影響士氣的問題。

與此同時，這首悲傷的歌受歡迎的程度並未讓塞萊什的心情和他的財務狀況好轉。就前者而言，塞萊什認為〈憂鬱星期天〉這首歌的成功事實上並不會讓他感到開心，因為他不覺得自己有辦法再寫出這樣的暢銷歌曲。至於後者，他不想越洋去到美國，依靠這首歌的名氣和他本應獲得的版稅賺錢。他反而依然待在布達佩斯過著貧窮的生活，在一間叫「Kispipa」的餐廳裡彈鋼琴。會光顧那裡的客人通常是不善社交、生活上被壓迫和不受歡迎的人，比利．喬只能假裝在那種地方彈琴。

但真正使故事進入尾聲的是萊索・塞萊什的最終命運。他也自殺了，在一九六八年一月十一日從他公寓的窗戶跳下，他才剛過六十九歲的生日不久。那天正好是星期天。

今日，〈憂鬱星期天〉依然在大眾文化中出現，史蒂芬・史匹柏一九九三年的電影《辛德勒的名單》中就使用純音樂版本作為配樂。在二〇〇六年的科幻電影《夢魘迷宮》中把這首歌設計到情節中。二〇一七年，Netflix 的原創劇《漢娜的遺言》也有提到這首歌。

即使 Spotify 音樂串流平台的演算法沒有推薦，我們還是可以聽到這首歌。而且有多種版本提供選擇，像是瑞奇・尼爾森在一九五八年的翻唱，或是莎拉・麥克勞克蘭和辛妮・歐康諾重新詮釋的版本，兩人的唱片都在一九九二年發行。莎拉・布萊曼則是在二〇〇〇年重新翻唱了這首歌。

但在聽之前，或許應該先諮詢一下你的治療師。

詹姆士・狄恩的保時捷550 Spyder

James Dean's Porsche 550 Spyder

原產地：德國司圖加特
車禍地點：加州喬萊姆
別稱：小壞蛋
最後已知車主：喬治・巴里斯（George Barris）
車禍日期：一九五五年九月三十日
當前地點：未知

倘若詹姆士・狄恩（James Dean）作為星戰世代的一員，他就會聽從歐比王・肯諾比（Obi-Wan Kenobi）的忠告。但詹姆斯・狄恩在《星際大戰》問世的二十二年前就已去世，所以他在

一九五五年的秋天於好萊塢碰見這位未來的絕地武士亞歷・堅尼斯爵士時，是在這位演員扮演滿臉鬍鬚、睿智的原力大師十多年前。

不過，狄恩碰見堅尼斯的時候，這位老演員顯然已經使出神祕力量。就在狄恩駕駛那輛極速的詛咒物出車禍一個星期前，未來因《桂河大橋》榮獲奧斯卡最佳男主角的堅尼斯，告訴這位曾演出《養子不教父之過》的奧斯卡影帝，如果他坐上那輛車，將活不過一個星期。堅尼斯一語成讖。「這是一種詭異又駭人的體驗。」堅尼斯在一九七七年，事故發生的二十年後，上BBC麥可・帕金森主持的脫口秀《帕金森》回憶道。

詹姆士・狄恩一九三一年生於印第安

納州。一九五一年，他從加州大學洛杉磯分校輟學，開始演藝事業。在拍了幾次廣告、電影跑龍套和上過幾次電視後，狄恩分別拍了三部電影《天倫夢覺》、《養子不教父之過》以及《巨人》，使他一舉成名。後兩部電影尚未上映他就去世了。在他死後，他因為《養子不教父之過》獲得奧斯卡金像獎，《巨人》則獲得提名。

在他電影事業飛速發展的同時，狄恩對疾速奔馳這件事深深著迷，於是便開始參加賽車比賽。顯然，他在這方面也很擅長，常常在比賽中獲勝並取得名次。然後他得到了一輛保時捷 550 Spyder，他在車子尾部噴上草寫的「Little Bastard」（小壞蛋），在門上和引擎蓋噴上他的賽車號碼一三〇。當他在一九五五年那天晚上自豪地向亞歷·堅尼斯展示那輛車時，車子幾乎沒有開過。

九月三十日那天，狄恩首次開著這輛小型跑車從洛杉磯到薩利納斯，參加十月一日在薩利納斯舉辦的公路賽。坐在副駕駛座的是他的維修師羅夫·魏特呂希，後面跟著狄恩的福特旅行車，開車的人是好萊塢特技演員比爾·希克曼。這輛車拖著本該裝載小壞蛋的拖車，但最終狄恩決定在比賽前坐在方向盤前多一點時間。

那天下午三點三十分，他和他的隨行人員因超速被開罰單，他們在限速九十公里的區域以一小時一百公里的速度行駛。兩小時十五分鐘後，他們沿著四百六十六號公路向西行駛時，一輛從對向車道開來的一九五〇年產福特 Tudor 左轉切進四十一號公路。狄恩迎頭撞上那輛明顯體積龐大的車，使小壞蛋翻進溝渠裡。

魏特呂希受到重傷，但因為被車子甩飛幸免於難。福特 Tudor 三十三歲的駕駛唐納·特尼普西（Donald Turnupseed）下車時，只有臉部受到輕傷；時年二十四歲的狄恩被困在車裡，連車帶人飛到空中，身體多處受傷，包括頸部骨折。他的 Spyder 看起來就像一團有車輪的廢鐵，這起車禍被定義為意外。

如今四百六十六號公路已改為四十六號公路，與四十一號公路的交會處被稱為詹姆士·狄恩紀念路口，至今狄恩依舊是指標性的人物。他的 Spyder 則變成一輛被詛咒的車，因為人們無法接受像狄恩如此受上天眷顧的人並非堅不可摧。

車體殘骸被拆開，引擎和其他可重複使用的零件交給另一名賽車手威廉·F·埃斯克里奇醫生。他把引擎裝到他的 Lotus IX 上，傳動器的零件則裝在他同事和朋友特洛伊·麥克亨利的賽車上。狄恩死後一年，兩個人都在同一場比賽中撞車。麥克亨利撞到一棵樹身亡，埃斯克里奇的車輪胎鎖死並迴轉，因而存活下來。

小壞蛋其餘的零件到了一個名叫喬治·巴里斯的人手裡，最初狄恩的車就是跟他定做的，還有一些參與電視演出的名車，像是一九六〇年代亞當·韋斯特電視秀裡出現的蝙蝠車、《怪胎一族》中的老爺車、《豪門新人類》中的貨車以及霹靂遊俠中那輛「夥計」。巴里斯想重新打造一輛 Spyder，但可謂天方夜譚，於是他把零件借給國家安全委員會，帶著車體殘骸在全國巡迴宣導安全駕駛。巴里斯說因為這輛車，他在巡迴宣導途中發生很多倒霉事，他描述車子如何起火、壓傷維修人員的腿、害一名想偷方向盤的竊賊手斷掉，並殺害一名運送司機。

然後狄恩的 Spyder 消失了。據巴里斯稱，他們是用密封的貨櫃將車子從邁阿密橫渡整個國家運往洛杉磯，到了目的地打開貨櫃時，這輛車便成了鄉野傳奇。從那時起再也沒有出現過，細小的車子零件仍散佈在各種私人和博物館收藏中，但就跟歐洲的聖物一樣，出處不一定能得到驗證。

二〇〇五年，伊利諾州的瓦羅汽車博物館提供一百萬美元懸賞任何能夠找到小壞蛋的人。僅有一人在懸賞十年後，也就是迪恩逝世六十年接受了提議。一個男人站出來作證他在六歲那年曾見到這輛致命的車子，顯然他父親一夥人將車藏在華盛頓霍特科姆郡一棟建築的假牆後方。這條線索從未得到證實。到目前為止，小壞蛋的下落仍無人得知。

雖然可能又有一名受害者遇害。一九八一年，從那場導致狄恩喪生的車禍倖存下來的機師羅夫·魏特呂希，因為酒駕開車衝進一棟房屋中身亡。

早在一九五五年，詹姆士·狄恩過世那年，他碰巧為國際攝影學會拍攝一段關於道路安全的影片，現今任何人都可以在 YouTube 上觀看。在提及高速公路比賽道可怕後，狄恩以一句話總結：「小心駕駛，你可能會因此救了我的命。」

0888-888-888詛咒號碼

電信業者：保加利亞A1
當前狀態：未知
著名所有者：弗拉迪米爾·葛拉許諾夫（Vladimir Grashnov）、康斯坦丁·迪米特洛夫（Konstantin Dimitrov）、康斯坦丁·迪施勒夫（Konstantin Dishliev）
受害人數：三人

現在這個世代，我們的電話號碼比日常生活中任何號碼都重要，遠遠超過社會安全號碼、駕照號碼或郵遞區號。這串代表我們口袋中那塊黑色玻璃板的數字，可使我們獲得大量資訊，跟每個認識、親密或討厭的人聯繫。如果你的電話號碼受到詛咒，除了知道自己擁有一個詛咒物很慘外，這還會是造成你人生天翻地覆的噩耗。

本章要介紹的是來自二十一世紀的詛咒物：一串手機號碼。在這樣一本介紹詛咒家具和娃娃之類的書中出現電話號碼似乎很怪，但隨著我們的世界越趨數位化，就越將科技進步拿來重新定義「物品」的概念。例如，數位播放的電影觀看數量仍然跟藍光電影一樣多，如果一個詛咒物的材質可以是木頭、布料或金屬，那為什麼不能是一串代碼呢？但重點不是觀念，而在結果：一個數位化的文物有辦法傷害或殺害多人嗎？保加利亞的一個電話號碼 0888-888-888 似乎辦到了。

這個詛咒物在五年內奪走三個人的性命。第一個人是保加利亞電信公司 Mobitel 的執行長弗拉迪米爾．葛拉許諾夫。二〇〇一年，由於長期患病，他在四十八歲死於癌症，當時沒人把他的死跟他的電話號碼連繫上。有什麼好奇怪的？但他的電話號碼的確很怪，基本上全是數字八：0888-888-888。作為電信公司的負責人，他大概可以選擇使用任何電話號碼，而出於某種原因他選了這個號碼。有人認為因為八在中國命理學中屬吉祥數，但也有可能是因為八是他個人的幸運數字；又或者他只是想要一個好記的號碼。然而，在憾事發生後，沒有任何謠言表示他英年早逝與這個怪號碼有關。

該號碼後來給了一個叫康斯坦丁．迪米特洛夫的男人使用，表面上是應他的要求。二〇〇三年十二月六日，迪米特洛夫和他的模特兒女友在阿姆斯特丹水壩廣場一家高檔餐廳用餐時遭人槍殺，享年三十三歲。由於他還有個身分是黑幫首腦，當時正前去監督他耗資五億美元的龐大毒品走私帝國位於斯堪地那維亞的支部，所以他的死並不令人意外。殺害他的人被認為是對手的俄羅斯黑幫，當然他死時手機就帶在身上。

下一個使用 0888-888-888 這組數字做為電話號碼的人是一名不動產經紀人康斯坦丁・迪施勒夫。人們普遍認為不動產是比黑幫還安全的職業，但迪施勒夫的死就跟迪米特洛夫的狀況一樣突然發生，情節詭異。二〇〇五年，迪施勒夫在保加利亞的首都索菲亞一家印度餐廳吃晚餐，卻遭到一堆子彈射擊。原來他除了帶人看屋和家具裝潢外還有第二個職業——走私古柯鹼。據說，迪施勒夫是在當局截獲一批運往哥倫比亞價值一・三億美元的非法白色粉末後被人謀殺。因為對某個人來說，他成了必須除掉的人物。

從這個詛咒物不久前出現一直到這時候，人們才開始將三起事件連結起來。該不會這三個人都被他們擁有同樣的手機號碼詛咒了吧？我知道各位在想什麼，其中有兩個人從事高風險的危險工作，無論他們用哪個電話號碼，應該都活不長。但還是很怪。

幸好根據傳聞，警方在對迪施勒夫的死亡進行調查時，下令讓這個電話號碼停止使用。而據說當號碼解凍後，Mobitel 便停止這個號碼的使用權。不過，根據《每日郵報》二〇一〇年的一篇文章，當被問及這個詛咒手機號碼的狀態時，該公司的回應是：「無可奉告，我們不便談論私人號碼。」

Mobitel 公司現已更名為保加利亞 A1，而近年來，0888-888-888 這組號碼通常會在 YouTuber 拍影片時出現。YouTuber 會在影片中撥打這個號碼測試會發生什麼事（有時候他們會記得在前面加上國家代碼 +359，有時候不會）。所有人都得到同樣的語音訊息：「您撥打的號碼無法接通」，讓他們大大的鬆了口氣，儘管傳說只有提到擁有號碼的人會死，並未提及撥打會發生什麼事。

謠傳保加利亞電信公司為了避免更多人死於非命，或出現更多負面報導，從此取消該號碼的使用權；然而，透過反查詢可以得知該號碼確實有一個使有者，在本章中我保留了他的姓名，但我認為這個人大概已經不想再接到惡作劇電話了。所以，在某種意義上，這可能是 0888-888-888 這個號碼真正的詛咒。

事實上，世界上還存在其他受到詛咒的手機號碼，上面提到的 YouTuber 喜歡全打一遍。據說在泰國，電話號碼「999-9999」受到了詛咒；在日本則是「444-4444」。其他亞洲國家則害怕撥打「000-0000」。在美國，我們有一個經典地獄循環數「666-666-6666」。看來人類天生就容易對非自然的重複數字產生懷疑。

機器人戰爭遊戲機台

The Berzerk Video Game Cabinet

原產地：伊利諾州芝加哥
創造者：艾倫・麥克尼爾（Alan McNeil），斯特恩電子公司（Stern Electronics）
製造年份：一九八〇年
最後已知地點：伊利諾州卡盧梅特城塔克修士遊戲中心

二〇一九年，全球的電玩遊戲創造了一千八百億的收入，成為僅次於電視的第二大娛樂產業；然而，專家預測電玩遊戲很快就會超過兩千億美元大關，超越電視躍升第一。大家都會打電玩遊戲，從有特殊座椅和耳機的忠實玩家到在公車上玩 Candy Crush 的老人。電玩遊戲就像一陣狂風——這也是為什麼受到詛咒的電玩遊戲特別讓人痛苦。

曾幾何時（八〇年代），我們不是從遠端伺服器下載遊戲到自己的設備，而是前往電玩遊戲所在的地方。電玩遊戲會在昏暗、骯髒的商場，裝在高大的塑合板櫃中，外面畫有霓虹圖案，埋沒在一堆身穿牛仔外套和棒球T恤的青少年之間，彷彿知道自己日新月異的後代即將統治世界；玩的時候是站著，面對低像素的螢幕，狂按按鈕並搖動操作桿，彷彿在跟機台本身戰鬥，而非八位元組成的外星人，或是躲避色彩鮮艷的鬼怪。以當時的說法來說：「這實在太棒了。」

伊利諾州卡盧梅特城以中世紀為主題的塔克修士遊戲中心就是這類電子遊樂場，位於密西根湖頂端與印第安納州相接的位置。該電子遊樂場有一個機台是一九八〇年出的遊戲，叫做《機器人戰爭》……這個機台受到了詛咒。

《機器人戰爭》的機台是黑色系搭配亮藍色，側面印有紅色機器人的圖案。機台招牌為了凸顯遊戲名稱使用紅色系，鋁合金的字母襯著點點星空和橘紅色的地平線。看起來頗有八〇年代的風格。

該遊戲是由芝加哥斯特恩電子公司的員工艾倫·麥克尼爾設計，一切都基於他的一場噩夢。他夢到他被迫與一群機器人戰鬥。他把自己的噩夢變成可玩的形式後，便以科幻小說作家佛瑞德·薩貝哈根（Fred Saberhagen）的小說《狂戰士》（*Berserker*）命名。

遊戲中，玩家將扮演一個小綠人，拿著槍試圖從一個滿是裝有雷射光的平頭機器人迷宮中逃脫。這是第一個包含語音程式的遊戲之一，代表那些平頭機器人會說話。它們會用清脆的電子音喊出：「絕對不能讓人形機器人跑了。」當玩家被它們射殺後，會說：「抓到人形機器人，入侵者逮補。」諸如此類的台詞。玩家被機器人射到會死，碰到機器人會死，碰到迷宮牆也會死；如果你在一個畫面停留太久，一個名叫「邪惡奧托」（Evil Otto）的恐怖圓形生物會面帶笑容跳到畫面中。玩家若是被他抓住就死了。邪惡奧托這個角色是根據麥克尼爾先前某個工作的安全主管大衛·奧托打造的。麥克尼爾說那個人會邊笑邊「罵翻你」。

最後，如果你在塔克修士遊戲中心玩這台《機器人戰爭》機台，就會死於非命。至少那是發生在八〇年代，三位不幸的玩家身上的慘劇。第一個受害者是名叫傑夫·戴利的青少年。他玩得非常賣力，在最高分數排名中獲得兩個名次。他死於心臟病，就在閃爍的螢幕和遊戲機台的吵雜聲中。他拿多少高分？一萬六千六百六十分。然而，很多人認為這個故事是捏造的，只是一個都市傳說，而且沒有證據證明這位傑夫．戴利和他那嚇人的高分真實存在。這樣說或許也沒錯。

第二位受害者卻是真有其人。他的名字叫彼得．布考斯基，當時十八歲。他和這台遊戲機台命運的相會是在一九八二年，就在塔克修士遊戲中心盛大開幕後不久。他的故事和傑夫．戴利相似度極高，在在暗示兩者出自同一個故事。布考斯基的姓名縮寫同樣進入最高排行中的兩名，而後死於心臟病。意外就發生在他剛離開《機器人戰爭》機台走去另一個機台的時候。布考斯基剛把錢投入另一個機台便死了。根據一九八二年《芝加哥論壇報》上刊登的一篇報導，他的屍檢報告顯示其心臟有疤痕。他本來心臟就不好，遊戲的激烈程度讓他的心臟變得虛弱，正如從事任何激烈運動。當局為了以防萬一對《機器人戰爭》機台進行調查，但並未發現任何電子故障。

這個詛咒機台第三位受害者的資訊也很真實，但他的死與該機台使用的心臟病慣技有所不同（儘管詛咒物極少會造成一樣的傷害）。一九八八年，一群青少年，包括佩德羅．羅伯茲和小愛德華．沃爾特．克拉克在塔克修士遊戲中心打起架來，羅伯茲把刀刺進克拉克胸口。克拉克後來在附近一家位於印第安納州際的診所過世。雖然官方紀錄並未說明他們打鬥的原因，但緣由大致上是他們中有人為了玩《機器人戰爭》機台留下一些錢幣，另一個人卻偷走其中一枚錢幣自己玩。

在過去十年中，全國上千個的電子遊樂場沒有任何一個《機器人戰爭》機台造成人員傷亡。伊利諾州的這個機台有它的獨特之處。當然啦，現在我們對有人玩電玩遊戲身亡已不再陌生，通常是經歷好幾輪遊戲，玩家連續玩了好幾天，就可能心臟病發作或出現脫水症狀。但沒有其他案例顯示跟電玩遊戲相關的死亡事件不僅集中在特定遊戲上，而且還是特定的機台。

故事最後還有一個奇怪的小插曲，伊利諾州卡盧梅特市以兩個獨特的地標而聞名：一對圓形的水塔，兩個水塔上都畫有笑臉……正如邪惡奧托的面貌。

塔克修士遊戲中心在二〇〇三年關閉，成為家庭遊戲機技術發展的受害者，該《機器人戰爭》機台的命運至今仍不為人知。

連環信

Chain Emails

隨著通訊平台和社交媒體的普及，電子郵件落伍了。它已然成為商務溝通的媒介，收據、優惠券和新聞簡報的掩埋場。但在以前寫信是件快樂的事。

在網路發展初期，登錄體積龐大的桌上電腦，發現收件匣中有一封未讀郵件是一個絕佳體驗。生活確實一直在改變。有人在幾小時、幾分鐘或幾秒前寫了一封電子郵件給你，你馬上就可以打來看，還能即時回復，不需要翻出郵票或找個郵筒，全球網路的威力放大了擁有一個夏令營筆友的喜悅。

然後連環信出現了。更糟的是，詛咒連環信因而誕生。連環信是藉由承諾或威脅的方式說服收信人將同一封信轉發給指定數量的朋友和熟人。反之，這些朋友和熟人也會受到勸告或威脅要把信發送給一定的人數。概念是一封電子郵件將產生一連串倍增的連環信。信件內容包含致富（任何轉寄這封信的人，微軟將支付你兩百四十五美元）、慈善機會（每轉發一封信，美國癌症協會將捐贈三美元做癌症研究）、重要訊息通知（Hotmail 即將刪除用戶，若想知道帳號是否仍在使用，請將這封信轉寄給任何朋友Hotmail用戶），以及直白的神祕詛咒。我們之後會再提到。

要了解連環電子郵件的歷史，必須先從連環信談起。最早有記錄的一封連環信是在一八八八年，當時郵票和文具的價格便宜得一塌糊塗。發起人的初衷是好的：為芝加哥的一所專給女傳教士就讀的循道學校募款，以償還其積欠的一萬六千美元。他們稱之為「流動捐贈箱」，實際上很有效，致使其他人也想嘗試看看。

同年，在英國白教堂區，貝德福主教試圖用連環信擊敗開膛手傑克。他想建立一個「婦女庇護所」，以保護這些女性免受夜行殺人魔的襲擊，覺得利用這個所謂的「雪球效應」來籌款是個不錯的主意；然而，他卻遇到了跟玩「傳話遊戲」一樣的問題。捐款地址和所需金額在複製的過程中出了差錯，信件突然暴增，而且錯誤百出，使他們不得不在報紙上刊登廣告制止雪球越滾越大。

連環信的荒謬程度在一九三五年達到巔峰，當時正值經濟大蕭條時期，受到衝擊的人們出於絕望而紛紛投身其中，創立一整個連環信經紀人產業，業務內容完全致力於發送連環信。俄亥俄州一家連環信機構一共雇用一百二十五名員工。然而，銷售市場很快跌到了谷底，最終成為詐欺犯的溫床。因為他們知道只需要一點點話術和幾封釣魚信件，就能不勞而獲。

而後電子郵件問世，詐騙手法變得簡單許多。他們不用再費力抄寫通訊鏈中的每個名字、地址並一封封寄出信件，只需點下「轉寄」按鈕。現在很容易就能因為一時興起做這種惡作劇，而連環電子郵件一旦開始，就很難遏制傳播。

說到詛咒連環信，就好像在伺服器跳轉的短短幾秒內，一次向你的敵人寄去數十個聚魔櫃一樣。一封詛咒連環信威脅收信人如果不轉發，一個名叫克菈麗莎的殺人魔童幽靈就會在你熟睡時，使你流血致死；另一封連環信表示，如果不把信轉寄給另外十個人，血腥瑪麗就會去找你，將你的身體肢解；另一封信則提到一個叫泰迪的七歲男孩，他沒有眼球，臉上沾滿了血，並威脅如果不把信轉寄給另外十二個人，收信人就會在睡夢中被泰迪殺死；還有一封關於卡門·溫斯特德幽靈的故事，她在學校一次消防演習中被推入下水道口中。下述便是信件原文，資料來自Snopes網站，其中包含很多文法錯誤：

大約六年前在印第安納州，卡門·溫斯特德在學校被五個女孩推入下水道口，試圖在消防演習時使她在全校面前出糗。當她還沒被淹沒時，學校報了警。他們下去撈起十七歲卡門·溫斯特德的屍體，她的脖子撞到梯子斷了，側身底部的水泥。女孩們告訴大家她是摔下去的……他們相信了。

【真實案例】：兩個月前，十六歲的大衛·格里高利讀了這封信沒有轉寄。他去沖澡時，聽見水裡傳來笑聲，他嚇壞了，跑到電腦前轉寄這封信，他對母親道晚安後就去睡了，五小時後，他母親半夜聽見噪音醒來，大衛不見了，又過了幾個小時，當天清晨，警察發現大衛陳屍在下水道，脖子斷了，臉上的皮也被剝掉。

如果你不轉寄這封信並在標題寫道：「她是被推下去的」或「他們把她推入下水道口」的話，卡門就會來找你，不管是從下水道、馬桶或在你沖澡的時候，或者當你去睡時，你會在一片漆黑的下水道中醒過來，卡門將現身殺了你。

還有很多連環信遵循這種模式，信中承載著各種不同鬼怪的詛咒，像是殺人小丑，或是血腥瑪麗，如果你不轉寄那封電子郵件，她將透過鏡子來找你。甚至有信件表示殺人米老鼠會割斷你的喉嚨，挖出你的眼球，把你的屍體塞到床底。這些詛咒連環電子郵件通常會以下列標題出現：「這封信已經受到詛咒，一旦打開就必須轉寄。」信件結尾通常會附有先前受害者的簡短描述。

如今，高智慧垃圾郵件過濾程式的開發，已將我們從大部分數位詛咒物中解救出來。反正多數人早已將大量線上通訊轉到上述提到的即時通訊平台和社交媒體上。

不過歷史上種種跡象表明，我們無法將詛咒物永久埋葬。詛咒連環信適應時代成了詛咒電子郵件，之後也將再次進化成詛咒簡訊，或是詛咒的 Facebook 貼文和詛咒的 Tweet（於五秒鐘內轉推這條推文，否則你媽媽會死），結果發現比起電子郵件，社交媒體可以更快且大量傳播複製的訊息。

更何況，轉推一條詛咒連環推文只需要幾秒鐘……萬一是真的呢？

詛咒物的科學驗證

有句話我該寫在書的開頭：科學證明詛咒物是真實存在的。

大多數人都對安慰劑效應不陌生。當患者相信自己的病得到妙方後，就會感覺身體狀況好轉，即使他們並沒有受到治療。反安慰劑效應則有相反的作用。正如安慰劑效應，反安慰劑效應是一個醫學名稱，一位名叫華特·甘迺迪的學者在一九六一年發表的科學論文中提出（雖然他將其命名為「反安慰劑反應」），在亨利·畢闕提出安慰劑效應的六年後。

反安慰劑效應基本上就是當患者認為他們服下具有副作用的藥物，即使這並非事實，他們還是可能會出現副作用的症狀。比方說，如果一位患者被告知某種藥物有副作用，服用後會看見紫色蝙蝠的幻覺，該患者就會看見紫色的蝙蝠，即使醫生給他服用的是另一種藥物。

與其說是正面思考的力量，不如說是關於負面思考的危險。反安慰效應與「巫毒死亡」（Voodoo death）的概念類似。該術語是由一個名叫華特・卡農的醫生於一九四二年提出。巫毒死亡基本上是說人們在相信自己受到詛咒後被嚇死的情形。死亡跟我們的身心狀態有關，反安慰劑效應也是如此。

當然，我大幅地簡化這個概念，但仍很容易從中指出跟詛咒物相似之處。如果你覺得一個詛咒物會帶來傷害，你（或你的身體）將主動創造機會使傷害發生。

當然，安慰劑和反安慰劑效應在醫學上仍是一個神祕的概念，但其背後有許多證據支持。有時候，科學和迷信會相互呼應。

後記

對詛咒物的恐懼與熱愛

剛開始這個企劃案時，我有點擔心，但不是因為我會去參觀、研究並寫一本書，介紹那些據說會對表現出興趣的人帶來傷害的物品。如果我會因為詛咒物而受傷，那就來吧，我害怕的是在寫這本書的那一年，我會碰巧發生一些倒楣事（畢竟，每個人一年中遭遇不幸的機率很高），這本書會為某個虛假的詛咒故事加油添醋。尤其當出現這樣的訃聞：「作家J・W・奧克死於詭異的品客罐意外，當時他正在寫一本關於詛咒物的書。」這正是發生在本書中提到大多數人身上的事。

但最終我擔心的情緒緩和下來，我愛上了詛咒物。我一直都很喜歡聽有關詛咒物的傳說，也常常來一趟怪奇之旅一睹這些文物的丰采，即便與工作無關。但我在寫這本書的期間，逐漸體會到詛咒物作為一個故事的起點有多麼強大。民俗傳說、營火故事和鄉野傳奇皆是轉瞬即逝，僅僅是從我們口中發出的聲音，而後消失在空氣中。詛咒物卻可以握在手裡、拿起來並接受檢查，它們可以進行展覽、拍照、出借、穿戴、把玩、一起睡覺、運輸、舉在空中、坐在上頭，正是它們的重量賦予整個故事分量。

所以當我發現著名（或惡名昭彰）的詛咒物如此稀少時感到很驚訝。尤其跟有名的鬼屋比較起來。事實上，本書可能是迄今最完整的詛咒物名單。

我不知道為什麼世界上流傳著這麼少關於詛咒物的故事，或許是因為物品容易遺失，連帶它們的故事也跟著抹去。或許在二十一世紀初，「詛咒」這個概念不如「鬧鬼」流行，因為捉鬼已成為一種行業。也許在像我們這樣重視唯物和資本主義的社會中，想像我們的所有物會帶來厄運違背整個社會的思維。

但我仍好好地收藏那隻詛咒鬥牛犬，放在我的書架上，就在丹．艾克洛德的水晶骷髏頭伏特加瓶和我從愛爾蘭一座鬧鬼城堡帶回來的黃色小鴨中間。我把它取名「詛咒犬」，因為所有詛咒物都有類似神祕小說副標題一樣的名字。

我只有一個要求：如果我死於奇怪事故，請不要在我的訃聞中提到這隻狗。

參考書目

完整的參考文獻列表請至以下網站：

quirkbooks.com/cursedobjects

Ｉ 玻璃之下

・希望鑽石

Kurin, Richard. Hope Diamond: The Legendary History of a Cursed Gem. New York: Collins, 2006

Smithsonian Institution. “The Hope Diamond.” Accessed November 2019. www. si.edu

・冰人奧茨

BBC News. “Death Renews Iceman ‘Curse’ Claim.” November 5, 2005. http:// news.bbc.co.uk

Hall, Stephen S. “Unfrozen.” National Geographic, November 2011. www.national geographic.com.

・毛利塔翁加

Chapman, Paul. "New Zealand Museum Tells Pregnant Women to Stay Away." Telegraph, October 12, 2010. www.telegraph.co.uk

Mitira, Tiaki Hikawera. Takitimu. Wellington: Reed Publishing, 1972. www.nzetc. victoria.ac.nz.

・圖坦卡門墓

Charleston, L. J. "Incredible True Story of the Life and Death of the 'Boy-King.' " Herald Sun, January 5, 2019. www.heraldsun.com.au

Luckhurst, Roger. The Mummy' s Curse: The True History of a Dark Fantasy. Oxford: Oxford University Press, 2012

・永恆的詛咒

Balfour, Ian. Famous Diamonds. New York: Antique Collectors' Club, 2008

Lovejoy, Bess. "8 Supposedly Cursed Gems." Mental Floss, updated October 16, 2019. www.mentalfloss.com

・妖刀村正

Baseel, Casey. "Scholars Confirm First Discovery of Japanese Sword from Master Bladesmith Masamune in 150 Years." SoraNews24, September 9, 2014. www. soranews24.com

Yuhindo.com. “Sengo Muramasa.” Accessed November 2019. yuhindo.com/muramasa

・不幸的木乃伊

Eveleth, Rose. “The Curse of the Unlucky Mummy.” Nautilus, April 10, 2014. www. nautil.us

Luckhurst, Roger. The Mummy’ s Curse: The True History of a Dark Fantasy. Oxford Univer sity Press, 2012

・西爾維亞努斯的戒指

Chute, Chaloner William. A History of the Vyne in Hampshire. London: Simpkin, Marshall & Co., 1888

Hendrix, Jenny. “ ‘Cursed’ Roman Ring May Be Tolkien’ s ‘Ring to Rule Them All.’ ” Los Angeles Times, April 2, 2013. www.latimes.com

・受詛咒的書！

Boba, Eleanor. “You Have Been Warned: Book Curses (And Cursed Books).” American Bookbinders Museum blog, October 31, 2016. www.bookbindersmuseum.org

Drogin, Marc. Anathema! Medieval Scribes and the History of Book Curses. Totowa, NJ: Allenheld & Schram, 1983

二 來自墓地的詛咒

・黑暗艾姬

Hunter, Marjorie. “Adams Memorial Draws Responses.” New York Times, June 7, 1983

Kelly, John. “ ‘Black Aggie’ : From Baltimore to Washington.” Washington Post, August 18, 2012. www.washingtonpost.com

・比耶克托普盧恩石

Fotevikens Museum. “Björketorp runsten.” Accessed November 2019. www.fotevikens museum.se

Steve’ s Travels & Stuff. “Björketorp Rune Stone.” July 29, 2017. www.stevethings.word press.com

・帖木兒墓

Smith, Hendrick. “Debate Stirs in Shadow of Tamerlane Tomb.” New York Times, June 2, 1974

Tanel. “The Curse of Tamerlane.” Smart History Blog, October 28, 2016. www.smarthisto ryblog.com.

・黑天使

Carroll, Joyce, and Allison Settles. “The Black Angel Monument.” Iowa City: Document Services. Accessed November 2019. www.iowa-city.org

Hogan, Suzanne. “How a Black Angel Statue in Iowa Went from Heartfelt Memorial to Spooky Legend.” KCUR, October 20, 2016. www.kcur.org

・向物品施咒的方法

BBC News. “‘Cursing Stone’ Found on Isle of Canna.” May 20, 2012. www.bbc.com

Thegoodishtraveler. “Nimbu Mirchi.” Atlas Obscura, accessed November 2019. www.atlasobscura.com

・卡爾・普魯特的墓碑

Henson, Michael Paul. More Kentucky Ghost Stories. Johnson City, Tenn.: Overmountain Press, 2000

JasonB. “Anatomy of a Ghost Story: The Search for Carl Pruitt.” Cvlt Nation, October 17, 2016. www.cvltnation.com

・青銅女士像

Ferri, Jessica. “The Bronze Lady: The (Other) Spooky Legend of Sleepy Hollow that You’ve Never Heard Of.” The Lineup, October 24, 2017. www.the-line-up.com/

Leary, Robyn. “Ghost Stories: The Other Legend of Sleepy Hollow.” New York Times, October 29, 2000. www.nytimes.com

・莎士比亞之墓

BBC News. “Bard’s ‘Cursed’ Tomb Is Revamped.” Updated May 28, 2008. www.news. bbc.co.uk

Young, Sarah. “Radar Scan of Shakespeare’s Grave Confirms Skull Apparently Missing.” Reuters, March 24, 2016. www.reuters.com

三 閣樓裡的詛咒

・哭泣的男孩系列畫作

Clarke, David. “The Curse of the Crying Boy.” Dr. David Clarke Folklore and Journalism, accessed November 2019. www.drdavidclarke.co.uk

Zarrelli, Natalie. “A Painting of a Crying Boy Was Blamed for a Series of Fires in the ’80s.” Atlas Obscura, April 21, 2017. www.atlasobscura.com

・巴勒魯瓦死亡之椅

Foti, Kaitlyn. “Chestnut Hill’s Baleroy Mansion’s Many Ghost Stories.” Patch, October 31, 2011. www.patch.com

People Magazine. “Spirited Welcome.” October 31, 1994. www.people.com

・聚魔櫃

Gornstein, Leslie. “A Jinx in a Box?” Los Angeles Times, July 25, 2004. www.latimes.com

Levy, Lauren. “The Full Story on Post Malone and the Cursed Box” Fader, October 24, 2018. www.thefader.com

・巴薩諾花瓶

Thegypsy. “The Curious and Deadly Tale of the Basano Vase.” The Gypsy Thread, March 12, 2018. www.thegypsythread.org

Puchko, Kristy. “10 Allegedly Cursed Objects.” Mental Floss, February 22, 2016. www. mentalfloss.com

・所謂的巫毒術

Armitage, Natalie. “European and African Figural Ritual Magic: The Beginnings of the Voodoo Doll Myth.” In The Materiality of Magic: An Artefactual Investigation into Ritual Practices and Popular Beliefs, edited by Ceri Houlbrook and Natalie Armitage, 85–101. Oxford: Oxbow Books, 2015

・藍道夫・范倫鐵諾的戒指

King, Gilbert. “The ‘Latin Lover’ and His Enemies,” Smithsonianmag.com, June 13, 2012. www.

smithsonianmag.com

Ripley’ s Believe It or Not! “Rudolph Valentino’ s Cursed Ring Remains Locked in a Hollywood Vault.” March 27, 2018. www.ripleys.com

・羅伯特娃娃

Key West Art & Historical Society. “Robert the Doll.” Accessed November 2019. https://www.kwahs.org

Robertthedoll.org. “A Boy & His Doll.” Accessed November 2019. www.robertthedoll. org /a-boy-his-doll

・巴斯比之椅

Minting, Stuart. “18th Century Murderer’ s Chair Continues to Captivate Supernatural Fans.” Northern Echo, October 29, 2014. www.thenorthernecho.co.uk

Wax, Alyse. “This Vintage Chair May Carry a Deadly Curse.” 13th Floor, October 2, 2015. www.the13thfloor.tv

・魔幻櫃

Carter, Beth Caffery. “New Details about the Cursed Chest.” Kentucky Historical Soci ety, accessed December 2019. www.history.ky.gov

Hudson, Virginia Cary. Flapdoodle, Trust & Obey, New York: Harper & Row, 1966

Ⅳ 被詛咒的石頭

・小曼尼與爹地的角

Ludden, Kevin. "There' s No Flies on Little Mannie." Sun, July 1991

Prag, A. J. N. W. "The Little Mannie with his Daddy' s Horns." In The Materiality of Magic: An Artefactual Investigation into Ritual Practices and Popular Beliefs, edited by Ceri Houlbrook and Natalie Armitage, 171–81. Oxford: Oxbow Books, 2015

・詛咒石

BBC Cumbria. "Curse of the Cursing Stone." Updated March 19. 2006. www.bbc.co.uk. Guardian. "They' re Doomed." March 8, 2005. www.theguardian.com

・派翠克・漢密爾頓的字紋

Museum of the University of St. Andrews. "Watch Your Step: The Curse of the 'PH.' " Museum Collections Blog, June 12, 2018. www.museumoftheuniversityofstandrews. wordpress.com

University of St. Andrews. “A Brief History of St. Salvator’ s Chapel.” Accessed November 2019. www.st-andrews.ac.uk

・詛咒石柱

The Insider. “The Curse of the Haunted Pillar Continues.” Metro Spirit, December 21, 2016. www. metrospirit.com

Oster, Grant. “An Attempt to Debunk the Haunted Pillar of Augusta, Georgia.” Hanker ing for History, updated December 18, 2016. www.hankeringforhistory.co

・詛咒石全數歸還

Hayes, Cathy. “Blarney Castle Curse Dooms Canadian to Bad Luck.” Irish Central, June 30, 2010. www.irishcentral.com

Twilley, Nicola. “Slide Show: Rocks, Paper, Sinners.” New Yorker, January 23, 2015. www. newyorker. com

・赫克瑟姆石人頭

Clarke, David. “Heads and Tales.” Dr. David Clarke Folklore and Journalism, December 22, 2012. www.drdavidclarke.co.uk

The Urban Prehistorian. “The Hexham Heads.” January 27, 2014. www.theurbanprehisto rian.

wordpress.com

・琥珀宮

Blumberg, Jess. “A Brief History of the Amber Room.” Smithsonianmag.com, July 31, 2007. www.smithsonianmag.com

Nally, Richard. “Mysteries of the Amber Room.” Forbes, March 29, 2004. www.forbes. com

・卡溫格山口的寶藏

Alper, Joshua. “The Cahuenga Pass Treasure.” Southern California Quarterly 81, no. 一 (Spring 1999): 89–116. www.doi.org

Rasmussen, Cecilia. “Curse of the Cahuenga Pass Treasure.” Los Angeles Times, January 23, 2000

V 詛咒物事業

・安娜貝爾娃娃與華倫夫婦的收藏

Genzlinger, Neil. “Lorraine Warren, Paranormal Investigator Portrayed in ‘The Conjur ing,’ Dies at 92.” New York Times, April 19, 2019. www.nytimes.com

Warrens.net. "The Curse of the Devil Doll Housed in the Warrens Occult Museum." Accessed November 2019. www.warrens.net/annabelle

・約翰・扎菲斯超自然博物館

John Zaffis, Godfather of the Paranormal (website). "Museum." Accessed November 2019. www.johnzaffis.com

Zaffis, John, and Rosemary Ellen Guiley. Haunted by the Things You Love. New Milford, CT: Visionary Living, 2014

・札克・巴甘斯的鬼屋博物館

ElGenaidi, Deena. "The Trickery and Silly Kitsch of a Supposedly Haunted Museum in Las Vegas." Hyperallergic, February 28, 2019. www.hyperallergic.com

Zak Bagans' Haunted Museum. "About Zak Bagans' s Haunted Museum." Accessed November 2019. www.thehauntedmuseum.com

・超自然和神祕學的旅行博物館

Newkirk, Greg. "The 'Bruised Man' of Friendsville: How a Chest Full of Haunted Artifacts Saved Me from Being Murdered." Week in Weird, November 24, 2016. www. weekinweird.com

Traveling Museum of the Paranormal & Occult. "Attend an Exhibition." Accessed November 2019.

www.paramuseum.com

Ⅵ 為什麼沒有受到詛咒？

・杜塞道夫吸血鬼的木乃伊頭顱

Hintz, Charlie. “The Head of German Serial Killer Peter Kürten in Wisconsin Dells.” Cult of Weird, August 14, 2017. www.cultofweird.com

White, Nic. “Mummified Head of Serial Killer ‘The Vampire of Dusseldorf’ [. . .] on Display in Wisconsin After Doctors Cut It Open to Find a Reason for His Evil.” Daily Mail, July 9, 2018. www.dailymail.co.uk

・米歇爾－黑吉斯水晶頭骨

Edwards, Owen. “The Smithsonian’s Crystal Skull.” Smithsonianmag.com, May 29, 2008. www.smithsonianmag.com

Lovett, Richard A., and Scot Hoffman. “Crystal Skulls.” National Geographic, January 2017. www.nationalgeographic.com

・亞瑟王座的迷你棺材

Dash, Mike. “Edinburgh’s Mysterious Miniature Coffins.” Smithsonianmag.com, April 15, 2013. www.smithsonianmag.com

National Museums Scotland. “The Mystery of the Miniature Coffins: The XVII.” Accessed November 2019. www.nms.ac.uk

・詹姆斯・艾倫的人皮書

Allen, James. Narrative of the Life of James Allen, Alias George Walton, Alias Jonas Pierce, Alias James H. York, Alias Burley Grove, the highwayman: Being His Death-Bed Confession, to the Warden of the Massachusetts State Prison. Boston: Harrington, 1837

Ehrengardt, Thibault. “Who Skinned James Allen? The ‘Skin Book.’” Rare Book Hub. Accessed November 2019. www.rarebookhub.com

・安提基特拉機械

The Antikythera Mechanism Research Project. “Frequently Asqued [sic] Questions.” Accessed November 2019. http://www.antikythera-mechanism.gr

Marchant, Jo. “Decoding the Antikythera Mechanism, the First Computer.” Smithsonian, February 2015. www.smithsonianmag.com

Ⅶ 機械的詛咒

・布拉格天文鐘

Goukassian, Elena. “The History of One of the Oldest Astronomical Clocks in the World.” Hyperallergic, February 2, 2018. www.hyperallergic.com

Prague.eu. “History of the Astronomical Clock.” Accessed November 2019. www.prague. eu

・匈牙利自殺之歌

Mikkelson, David. “Gloomy Sunday Suicides.” Snopes.com, updated May 23, 2007. www. snopes.com

New York Times. “Rezsoe Seres Commits Suicide; Composer of ‘Gloomy Sunday.’ ” Janu ary 14, 1968

・詹姆士・狄恩的保時捷 550 Spyder

The Auto Insider. “The Curse of James Dean’ s ‘Little Bastard.’ ” Jalopnik, December 31, 2008. www.jalopnik.com

Preovolos, Chris. “60 Years After James Dean’ s Death, ‘Cursed’ Car Mystery Continues.” SFGate, updated September 30, 2015. www.sfgate.com

・0888-888-888 詛咒號碼

Daily Mail. “Mobile Phone Number 0888-888-888 Is Suspended After Every User Assigned to It Dies.” Updated May 25, 2010. www.dailymail.co.uk

Matyszczyk, Chris. “The Cell Phone Number Whose Owners All Die.” CNET, May 27, 2010. www.cnet.com

・詛咒物的科學驗證

Rajagopal, Sundararajan. “The Nocebo Effect.” Priory.com, September 2007. www. priory.com

・機器人戰爭遊戲機台

Kerch, Steve. “Heart in blamed in death of video game patron, 18.” Chicago Tribune, April 27, 1982

Wirtanen, Josh. “How Many People Has the Berzerk Arcade Game Killed?” Retrovolve, January 6, 2016. www.retrovolve.com

・連環信

Collins, Paul. “You Must Forward This Story to Five Friends.” Slate, October 1, 2010. www.slate.com

Hayward, Alexandra. “Email This or Your Crush Will Die: The History of the Chain Letter.” Vice, December 9, 2015. www.vice.com

銘謝

我不確定下面我提到的人是否希望自己的名字跟一本關於詛咒物的書過從甚密，但他們真的幫了我很多，所以要怪就怪自己嘍。

首先要感謝我的妻子琳賽，陪我一起參觀許多本書出現的物品，並且忍受我把一個詛咒物帶回家（還帶去旅行）。沉睡谷公墓的管理人吉姆・蘿涵總是熱情的接待我，這次則帶我親眼見識青銅女士的樣貌。克里斯汀・亨頓幫忙我追蹤小曼尼的下落。同時要感謝約翰・札菲斯讓我進去他家最恐怖的區域參觀。

感謝蘿貝卡・吉倫霍提出整個企劃，一路上給予我的支持與鼓勵，還有Quirk Book出版社的厲害團隊讓這本書得以正式出版：萊恩・海耶斯、珍・莫利（讓我的原稿發生奇蹟）、約翰・J・麥格克、妮可・德・傑克蒙、珍妮佛・墨菲和凱特・麥圭爾。

當然還有喬恩・麥克奈爾，這本書的插畫都出自他之手，為我撰寫文字幫了大忙，你真該立刻上網搜尋他的作品。

在此，我將免除出現在這頁所有人的罪責，以確保各位在未來從事類似本書的企劃時不會遭遇不幸。

高寶書版集團
gobooks.com.tw

新視野 New Window 229

惡名昭彰的詛咒物：
關於物品的邪惡傳說與真實發生的詭異事件

作　　者　J・W・奧克（J. W. Ocker）
繪　　者　喬恩・麥克奈爾（Jon MacNair）
譯　　者　陳思華
主　　編　吳珮旻
編　　輯　鄭淇丰
校　　對　賴芯葳
封面設計　林政嘉
排　　版　賴姵均
版　　權　蕭以旻
企　　劃　鍾惠鈞

發 行 人　朱凱蕾
出　　版　英屬維京群島商高寶國際有限公司台灣分公司
　　　　　Global Group Holdings, Ltd.
地　　址　台北市內湖區洲子街 88 號 3 樓
網　　址　gobooks.com.tw
電　　話　(02) 27992788
電　　郵　readers@gobooks.com.tw（讀者服務部）
傳　　真　出版部　(02) 27990909　行銷部 (02) 27993088
郵政劃撥　19394552
戶　　名　英屬維京群島商高寶國際有限公司台灣分公司
發　　行　英屬維京群島商高寶國際有限公司台灣分公司
初版日期　2021 年 9 月

CURSED OBJECTS: STRANGE BUT TRUE STORIES OF THE WORLD'S MOST INFAMOUS ITEMS
by J. W. OCKER

國家圖書館出版品預行編目（CIP）資料

惡名昭彰的詛咒物：關於物品的邪惡傳說與真實發生的詭異事件 /J.W. 奧克 (J. W. Ocker) 著；喬恩 . 麥克奈爾 (Jon MacNair) 繪；陳思華譯 . -- 初版 . -- 臺北市：英屬維京群島商高寶國際有限公司臺灣分公司 , 2021.09

面；　公分 . -- (新視野 229)

譯自：Cursed objects : strange but true stories of the world's most infamous items

ISBN 978-986-506-187-6 (平裝)

1. 世界史　2. 咒語

711　　110000964

GOBOOKS
& SITAK
GROUP©